ZHONGHUA WENMING GUSHI

中华文明故事

南北大交融

陈建中 ◎ 主编　　赵显明 ◎ 编著

希望出版社

图书在版编目（CIP）数据

中华文明故事．南北大交融 / 赵显明编著 ; 陈建中主
编．-- 太原：希望出版社，2019.6（2021.6重印）
ISBN 978-7-5379-8073-9

Ⅰ．①中… Ⅱ．①赵… ②陈… Ⅲ．①文化史－中国
－南北朝时代－青少年读物 Ⅳ．① K203-49

中国版本图书馆 CIP 数据核字（2019）第 011188 号

图片代理：全景视觉

中华文明故事 /南北大交融

陈建中　主编　　赵显明　编著

出 版 人：孟绍勇
策划组稿：杨建云　　　赵国珍
项目统筹：翟丽莎
责任编辑：谢琛香
复　　审：刘志屏
终　　审：杨建云
装帧设计：陈东升　　　罗紫涵
美术编辑：王　蕾

出版发行：希望出版社
地　　址：山西省太原市建设南路 21 号
开　　本：720mm×1000mm　1/16
版　　次：2019 年 6 月第 1 版
印　　张：8
印　　次：2021 年 6 月第 2 次印刷
印　　数：5001-10000 册
印　　刷：三河市同力彩印有限公司
书　　号：ISBN 978-7-5379-8073-9
定　　价：30.00 元

中华文明故事

南北大交融

魏晋南北朝是中华古文明发展的第二个高峰期。在这一历史时期，无论是文学艺术，还是科学技术，都取得了飞速发展，走在了世界的最前列。

为什么在战乱频繁的魏晋南北朝时期，会取得如此辉煌的科技成就呢？主要原因有两个：第一是魏晋时期的思想解放，奠定了科学技术进步的思想基础；第二是史无前例的民族大融合，汇集了多民族的文化精华。

魏晋时期的文化发展，同意大利文艺复兴一样，也是从哲学思想的解放和文学艺术的繁荣开始的，这一切都强有力地带动了科学技术的飞速发展。晋室南渡后，北方大地上出现了波澜壮阔的民族大融合，多民族的文化碰撞出了耀眼的火花。正是在这样的社会背景和文化背景下，中华古文明才进入了第二个辉煌的高峰期。

在这一重要的历史时期，中华古文明出现了前所未有的飞速发展，天文、地理、数学、化学、生物都取得了辉煌成就，出现了刘徽、陈卓、马钧、嵇含、何承天、郦道元、祖冲之等世界一流的科学精英。

民族融合大发展

艺术瑰宝惊世界
天文历法创奇迹
数学神算镂辉煌
地理科学谱故异
生物科学故事精
巧夺天工传世界
炼丹神术传世界
诗词歌赋有渊源
人间百善孝为先

民族 融合大发展

316 年，匈奴族建立的汉国灭亡了西晋。后来，在黄河流域又相继出现了 15 个少数民族政权，历史上称这一时期为"十六国时期"。这一时期持续到 439 年北魏统一北方时结束。从十六国时期到隋朝灭亡，形成了中国历史上空前的民族大融合。

由于多民族文化的融合，中华古文明在哲学思想、诗词歌赋、书法绘画、石刻雕塑等方面都取得了前所未有的辉煌成就，而在科学技术方面的成就更是达到了领先世界的水平。这一切都为隋唐时期的繁荣昌盛奠定了坚实基础。

从淝水大战结束，到隋朝兵下江南，中原地区完成了空前的民族大融合。北方少数民族政权接受了先进的中原文化，融入了中华民族的大家庭。在魏晋南北朝时期的民族大融合浪潮中，鲜卑族拓跋部建立的北魏王朝做出了重要的贡献。

北魏政权 雄踞中原

北魏王朝从386年建立到534年灭亡，在将近一个半世纪的历史时期内，为中华民族的融合做出了巨大贡献，为中原地区的经济发展、文明进步和最终的南北统一起到了关键的作用。

众所周知，我国有四大著名石窟——敦煌石窟、麦积山石窟、云冈石窟和龙门石窟。其中位于山西大同的云冈石窟和位于河南洛阳的龙门石窟，都同淝水大战之后崛起的北魏王朝有着密切的联系。

北魏——这个中国历史上重要的少数民族政权，结束了北方各自为政、战乱不息的混乱局面，统一了北方大部分地区，在南北朝的民族大融合中起到了关键的作用。

恢复故国

338年，鲜卑族拓跋部的首领拓跋什翼犍率领本族人众在"南拒阴山、北尽沙漠"的塞北建立了自己的政权——代国。376年，前秦苻坚的大军灭了代国，将鲜卑族拓跋部纳入了前秦的统治之下。

淝水大战之后，前秦失败。前燕大将慕容垂首先起兵反抗前秦，重新建立了自己的政权——燕国，历史上称为后燕。为了扩大势力范围，增强军事实力，慕容垂派自己的外甥拓跋珪返回塞北召集鲜卑族的拓跋旧

中华文明故事

部。

拓跋珪（371年—409年）是代国开国君主拓跋什翼犍的孙子，他的母亲是前燕大将慕容垂的姐姐，拓跋珪是慕容垂的外甥。

慕容垂做梦也没想到，这个只有16岁的小外甥拓跋珪却另有打算。386年，拓跋珪回到塞北，在他祖父拓跋什翼犍旧部的拥戴下，很快登上了君主之位，恢复了鲜卑族拓跋部政权——代国，不久改国号为魏。

北魏道武帝拓跋珪

《 建都平城 》

386年，慕容垂亲自率领大军攻打这个"失控"的小外甥，不料自己却病死军中。从此，拓跋珪完全摆脱了后燕的控制。

不久，拓跋珪又率兵夺取了后燕的重镇并州（今山西太原），设置尚书省、中书省等中央机构。

为了巩固自己的统治，拓跋珪启用了大批汉族知识分子，在他的经营下，这个重新恢复的鲜卑族拓跋部的政权很快就强大起来。

396年，拓跋珪亲自率领大军越过太行山，占领了河北。397年，拓跋珪攻克了后燕都城中山（今河北定州），拓跋珪的表哥——后燕皇帝慕容宝只好率领残兵败将，逃回了鲜卑慕容的发源地——龙城（今辽宁朝阳）。

398年，拓跋珪正式称帝，定都平城（今山西大同）。史学界为了把这个王朝与三国时期的曹魏政权相区别，称它为北魏。这样，拓跋珪就成了北魏王朝的开国皇帝——北魏道武帝。

在拓跋珪统治期间，北魏占据了今河北、山西、北京及内蒙古的大部分地区。

424年，北魏道武帝拓跋珪的孙子拓跋焘继位，即北魏太武帝。这位小皇帝很像他爷爷，极有胆略，是一代英主。在拓跋焘的精心经营下，北魏变得人强马壮、兵源充足，开始向周边发起大规模的军事进攻。

427年，拓跋焘率军灭了匈奴建立的夏，活捉了皇帝——赫连昌。436年，拓跋焘挥师北上，灭了北燕。439年，拓跋焘又率军西征，吞并了北凉。从此，黄河以北持续多年的战火终于平息了，北魏太武帝拓跋焘再次统一了黄河以北的大部分地区。

自西晋灭亡以来，西北少数民族同中原地区一直存在着严重的文化冲突。北魏政权建立以后，任用了大批汉族知识分子，在先进的中原文化影响之下，各种文化冲突的局面很快就发生了重大变化。

那么，究竟发生了怎样的变化呢？原来，北魏政权实行了一项重大的战略决策，那就是全面汉化。

《 冯太后 》

汉化，就是用中原地区的先进文化和生活习俗，取代少数民族的落后文化和生活习俗。推动北魏汉化的重要人物，是冯太后和孝文帝拓跋宏。

冯氏（442年—490年）是长乐信都（今河北冀州）人，出身北燕皇

中华文明故事

族，后迁居平城。冯氏的父亲因为获罪被杀，她也入宫为奴，后被选为北魏文成帝拓跋濬（jùn）的妃子。

鲜卑皇族有一个非常残忍的惯例——"子贵母死"。拓跋濬在立儿子拓跋弘为皇太子后，按照这个惯例赐死了拓跋弘的生母——李氏。于是，已被立为皇后的冯氏担当起了养育太子的责任，将拓跋弘视为己出，甚是慈爱。

465年，拓跋濬英年早逝。皇太子拓跋弘继承了帝位，即北魏献文帝。冯氏被尊为皇太后。第二年，冯太后设计诛杀了专权大臣乙浑，稳定了政局，开始临朝听政，掌控朝政大权。

《 崇尚儒学 》

冯太后从小入宫，幸得姑母冯昭仪的照应，她深谙朝中政治斗争之复杂。诛杀了乙浑后，她将高允、高闾、李冲等汉族士人召入宫中，委以重任。她非常崇尚儒学，下令在全国各郡设置太学，选择皇族和官员子弟入学，开始用儒家经典教育北魏皇族和贵族的子弟。

471年，冯太后利用自己的威势，逼迫不善朝政的献文帝拓跋弘把皇位传给了太子拓跋宏（即北魏孝文帝）。之后，冯太后又毒死了被尊为太上皇的拓跋

文明太皇太后与北魏孝文帝

弘，然后以太皇太后的身份临朝听政，直到490年因病辞世。

从466年到490年，冯氏牢牢地掌握着北魏的朝政，坚持学习、推广汉族的先进文化。冯氏死后被谥为"文明太皇太后"。

〖 推行改革 〗

冯氏执掌朝政时，曾改革吏治，颁行俸禄制度，推行均田制和三长制，以巩固统治，增加国家收入。

北魏的均田制规定：15岁以上的男子和女子分别授给40亩和20亩土地；如果当地的土地多，还可以加倍。农民必须向官府交租、服役，死后土地要归还政府。

凡领受均田的老百姓，每户每年只向朝廷交纳一匹丝棉或麻布、两石（dàn）粮食就可以了。同魏晋时期豪族大户的沉重剥削相比，北魏的百姓幸运多了。

均田制的推行，改善了北魏的经济状况，推动了农业、手工业和科学技术的飞速发展。

为了更好地推行均田制，北魏还设立了三长制：每五户设一个邻长，五邻设一个里长，五里设一个党长。这项改革有效地防止了豪族大姓兼并土地和人口。

后来，三长制、均田制在北魏境内得到了广泛推行，北魏政权与汉族及其他少数民族的关系也得到了空前的改善。

〖 妙计迁都 〗

490年，冯氏病逝。这时候的孝文帝拓跋宏在祖母的熏陶下已经成长为很有魄力的皇帝，他对汉族先进的文化也极为推崇。

孝文帝拓跋宏深刻地认识到，以地域偏北的平城作为国家的首都，

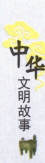

中华文明故事

很难使北魏成为号令天下的中央政权。于是，他决定把国都从平城迁到汉族文化的中心地区。

他认为，洛阳是古代圣贤周公兴建的，又是东汉、曹魏、西晋三朝的旧都，文化底蕴非常丰厚，有利于鲜卑族的汉化。于是，他决定把国都迁往洛阳。

国家迁都，历来都相当困难，通常会招致激烈的反对。孝文帝拓跋宏的这一举动同样遭到了朝中大臣和宗室的反对。

493年，孝文帝率领朝中鲜卑贵族及百万大军以讨伐江南齐国的名义挥师南下，一个月后到达洛阳。

时值深秋，阴雨连绵，道路泥泞，大军就地休息待命。当时，大臣们都不愿意再往南走了，纷纷提出取消这次军事行动。

北魏孝文帝

孝文帝趁机发布旨意：只要同意迁都洛阳，就可以停止南进；如果不同意迁都，就继续挥师南下。无可奈何之下，鲜卑贵族们只好选择了迁都。

其实，孝文帝压根就没有进攻南齐的打算，"讨伐南齐"只是他逼迫鲜卑贵族迁都洛阳的一条妙计。

【 全面汉化 】

为了消除鲜卑族狭隘的民族观念，使北魏王朝成为一统天下的全国性政权，孝文帝在迁都洛阳后立即进行了四项重大改革，这些改革都是前无古人、后无来者的创举。

第一项：规定鲜卑族的籍贯。鲜卑族本来是游牧民族，没有姓氏和籍贯，只以部落名称相区别。而北方汉族的世族大姓自从东汉以来都是以姓氏、籍贯相标榜的。

495年，孝文帝下令，凡迁到洛阳的鲜卑人一律以河南洛阳为自己的籍贯，死后也必须葬在洛阳城北的邙（máng）山墓地。这样一来，京城洛阳就成了鲜卑贵族的籍贯。

第二项：为了与中原世族大姓的门第相当，孝文帝还将鲜卑族人按照其祖先在部落中的地位和他们在朝中官职的高低划分了门第。

这项措施使鲜卑贵族取得了与汉族清河崔氏、范阳卢氏、赵郡李氏、荥（xíng）阳郑氏、陇西李氏等北方世族大姓同样高贵的地位。为了与汉族的单姓一致，孝文帝下令改鲜卑族的复姓为单音汉姓。拓跋氏还把自己的姓——"拓跋"改成了"元"。孝文帝拓跋宏也改名叫"元宏"了。

第三项：强迫皇室通过婚姻关系改变鲜卑族的血统。为了更好地推行汉化，孝文帝还规定，鲜卑贵族只允许与汉族的世族大姓通婚。孝文帝甚至指定他的几个弟弟，分别迎娶了陇西李氏、荥阳郑氏和范阳卢氏家族的女子为王妃。

通过与汉族世族大姓的联姻，加速了鲜卑贵族与汉族世族大姓的融合。

第四项：禁绝鲜卑族服饰和鲜卑族语言。494年，孝文帝下令：鲜卑人必须放弃本民族的服饰，按汉族服饰缝制衣帽。他亲自督促执行，防止违反命令的情况发生。

495年，孝文帝又下令：鲜卑人必须放弃本民族语言，使用汉语，严禁百官尤其是年龄在30岁以下的官员讲鲜卑语。

作为一国之君，强迫本民族的臣民放弃自己的语言，这在世界历史上也是极其罕见的。通过这项改革，鲜卑族很快就完全汉化了。

文明太皇太后和孝文帝进行的一系列改革，使北魏政权从政治、经济、文化和价值观念上完全汉化了，鲜卑族的贵族、平民也迅速与中原各民族融为一体，孝文帝和北魏政权也受到了汉族世族大姓的衷心拥戴。

从此，北魏就从一个北部偏僻的部落政权变成了实力强大的中原政权，民族大融合也掀起了前所未有的高潮。

隋代北周 统一全国

499年，孝文帝病死。他16岁的儿子元恪（kè）继位称帝，是为北魏宣武帝。

新皇帝继位后，有人劝他把都城迁回平城。宣武帝否决了这个倒退的建议，反而扩大了都城洛阳的规模，修建了320坊作为民居，使洛阳变成了一个商贾云集、文化繁荣的大都市。

接着，宣武帝又趁江南齐、梁替代的混乱局面挥师南下，把北魏的版图扩展到了淮河以南。不久，又出兵占据了今陕西和四川的大部分地区。

534年，北魏分裂为东魏和西魏。后来，东魏和西魏相继灭亡，形成了北周与南陈隔江对峙的局面。581年，隋朝取代北周。数年后，隋朝大军突破长江天险，统一了全国。

北魏的都城洛阳彻底摆脱了江南政权的威胁，在南北对峙的格局中占据了有利的地位，为日后隋文帝杨坚征服江南、统一全国奠定了基础。

北魏分裂

515年，30岁出头的宣武帝元恪病死，5岁的皇太子元诩（xǔ）继位，即北魏孝明帝。

528年，孝明帝元诩突然死去，手握重兵的北边酋帅尔朱荣趁机发动叛乱。后来，尔朱荣的叛乱虽然被镇压了，但是北魏也因此一分为二，出现了东魏和西魏对峙的局面。

东魏在大将高欢的控制之下，元姓皇帝只不过是个傀儡；西魏在大将宇文泰的掌握之中，元姓皇帝也变成了摆设。

后来，东魏大将高欢的儿子高洋自己当了皇帝，改国号为齐。又过了几年，西魏大将宇文泰的儿子宇文觉也当上了皇帝，改国号为周。这就是历史上的北齐和北周。

北周称雄

正如罗贯中所说："天下大势，合久必分，分久必合。"

577年，北周武帝宇文邕（yōng）出兵灭了北齐。这样，北周的对手就剩下漠北草原上的突厥和依仗长江天险、偏安一隅的南陈了。

北周武帝宇文邕灭北齐之后曾经满怀信心地说："平突厥，定江南，一二年间，必使天下一统。"

578年，宇文邕亲自率领五路大军从京师长安出发，北伐突厥。不料，出兵的第三天，这位雄心勃勃的皇帝突发重病，只好率大军返回了长安。一个月后，宇文邕在长安病逝，年仅36岁。这正是"出师未捷身先死，长使英雄泪满襟"。他心中所向往的"平突厥，定江南"的统一大业，只好留待接替北周的隋朝去完成了。

自西晋灭亡以来，四方战乱不断、长期南北分治的混乱局面终于要结束了，南北统一的曙光已经出现在东方的地平线上。

〖 隋代北周 〗

宇文邕死后，太子宇文赟（yūn）继承皇位，即北周宣帝。宇文赟即位后依仗宇文邕灭北齐的余威，派大军击败了南陈大将吴明彻，将北周的东部边界扩展到了长江岸边。

579年，宇文赟传位于长子宇文阐，自称天元皇帝。580年，宇文赟病死，北周政权落到了天元皇后杨丽华的父亲杨坚的手中。杨坚先设计除掉了手握兵权、忠于北周的皇族和将领，接着又上演了"禅让"的闹剧，废帝自立。

隋文帝杨坚

581年，杨坚从自己的外孙宇文阐手中夺取了皇位，改国号为隋，是为隋文帝。自此，隋朝建立，北周宣告灭亡。

杨坚是历史上少有的明君。但是，他当了皇帝以后，做的第一件事就是下令处死年仅9岁的外孙宇文阐。

隋文帝杨坚继续实行北魏和北周的民族政策，实行了全面、彻底的汉化政策。

隋朝的建立，表明北方少数民族政权已经完全挣脱了地方政权的狭隘性，开始以全新的面貌走上历史舞台。一个全新的时代开始了。

〖 统一江南 〗

北方大地上风云变幻的时候，江南也经历了宋、齐、梁、陈四个朝代。当隋朝在政治、经济、军事各个方面日益强大起来的时候，地处江南的南陈朝廷依然沉醉在歌舞升平之中，根本没有意识到大难就要临头了。

588年，隋文帝杨坚任命秦王杨俊、清河公杨素为行军大元帅，调集了90多员战将、50多万人马，兵分八路渡江攻打南陈；并且任命自己的儿子——晋王杨广为尚书令，驻军寿春（今安徽寿县），全面指挥消灭南陈的军事行动。

面对严峻的军事形势，南陈君臣却浑然不觉，还依仗"长江天险难以攻破"，做着安享太平的美梦呢！

开皇九年（589年）大年初一，隋朝的数十万大军趁着南陈君臣饮酒作乐过春节之际，一举突破了长江天险，兵锋直指京师建康（今南京）。

在隋朝大军的猛攻之下，南陈军马节节败退。隋军只用了20多天，就顺利攻克建康，南陈终于灭亡了。

从317年晋室南迁，到589年隋朝灭陈，分裂了近三个世纪的中国再次得到了统一。这在中国历史上的影响是深远的，实现了大江南北各族人民空前的大融合。

人间百善孝
诗词歌赋有渊源
炼丹神术传世界
巧夺天工技艺高
生物科目
地理科目
数学神韵显奇迹
天文历法创奇迹
艺术瑰宝惊世界
民族融合大发展

艺术瑰宝惊世界

在魏晋南北朝时期，中华大地上绽放了一簇艺术奇葩——中国古代的石窟艺术。石窟艺术包括精美的彩绘壁画、彩塑造像和石刻雕像等内容。

许多朋友也许游览过佛教四大名山。其实，历史更悠久、更值得游览的是佛教四大石窟，因为中国古代石窟艺术中最精美的艺术珍宝，就在佛教四大石窟之中。

从新疆龟兹石窟群到洛阳的龙门石窟，许多精美的艺术瑰宝都源于遥远的地中海，源于古希腊文明。如果这样说，大家一定会感到十分惊讶。然而，这却是千真万确的史实。现在，就让我们从新疆龟兹石窟群出发，从西到东游览这些精美的石窟艺术吧！

来自遥远的地中海

随着佛教从印度传入中国，具有古希腊犍陀罗艺术风格的佛教石窟艺术也开始在中华大地上流行开来。石窟艺术最先出现在西北，北魏政权建立以后，石窟艺术逐渐扩展到了整个中原地区。

断臂维纳斯

从遥远的天山脚下，到繁华的洛阳古都，分布着魏晋南北朝时期开凿的许多佛教石窟。位于最西端的就是创建于3世纪的新疆龟兹石窟群。

从龟兹石窟群向东，依次分布着中国著名的佛教四大石窟：敦煌莫高窟、天水麦积山石窟、大同云冈石窟和洛阳龙门石窟。

正是在这些闻名中外的佛教石窟中，孕育了精美的艺术珍宝——彩绘壁画、彩塑造像和石刻雕像。

神秘的龟兹石窟群

历史学家们早就发现，中国的石窟艺术是随着佛教的传入从印度来到中国的。然而，美学家们却发现，石窟中那些美丽的艺术品竟然带有明显的来自地中海岸边的古希腊艺术风格。

这是怎么回事呢？

难道中国古代的石窟艺术真的来自遥远的地中海吗？那庄严、肃穆的佛教石刻雕像真的与美丽的断臂维纳斯是近亲吗？龟兹石窟群那神奇而美丽的佛教壁画给出了精准的答案：中国古代的石窟艺术确实与美丽的断臂维纳斯有着亲缘关系。

龟兹石窟群分布在新疆阿克苏地区的库车、拜城、新和三县境内，在克孜尔、库木吐拉等地保存下来的佛教洞窟有600多个，是我国新疆地区最密集的石窟群。

这些石窟与位于地中海岸边美丽的断臂维纳斯，究竟有什么关联呢？这还得从马其顿国王亚历山大的东征说起。

《 来自地中海的艺术 》

公元前4世纪前后，马其顿国王亚历山大率领大军东征波斯和印度，占领了印度西北部的犍陀罗。

马其顿大军驻扎在犍陀罗的时候，军中的雕刻家们把古希腊的神像雕刻艺术也带到了那里。

龟兹石窟壁画

从那时候开始，来自地中海的古希腊雕刻艺术就从犍陀罗向四周扩散，并随着佛教传到了中国。所以，我国西北部早期佛教石窟艺术中的彩绘壁画、彩塑造像和石刻雕像都带有明显的古希腊犍陀罗艺术风格。

3～6世纪开凿的佛教石窟遍布我国西北和中原地区，在时间段上贯穿了魏晋南北朝。其中，新疆的龟兹石窟群、敦煌莫高窟、天水麦积山石窟、大同云冈石窟、洛阳龙门石窟和太原天龙山石窟，都保留了这个时期的大批艺术珍品。

珍贵的彩绘壁画

克孜尔千佛洞现有石窟235个，其中74个石窟中绘有精美的彩色壁画，总面积达1万多平方米。敦煌莫高窟的彩绘壁画比克孜尔千佛洞晚了一个多世纪，但是面积更大，而且保留了东西方艺术风格交融的艺术精品。

在魏晋南北朝石窟艺术中，彩绘壁画是最先出现的。在新疆克孜尔千佛洞和甘肃敦煌莫高窟中，彩绘壁画是年代最久远、艺术水平最高的珍品。

《 克孜尔千佛洞壁画 》

中国最早的佛教石窟群是新疆龟兹石窟群，其中克孜尔千佛洞年代最为久远，规模也最宏大。

克孜尔千佛洞开凿的年代大约在4～6世纪，位于新疆克孜尔镇东南木扎特河北岸的悬崖上。这里绿树成荫，环境优雅，是新疆著名的旅游胜地。

在克孜尔众多的石窟之中，虽然也有许多精美的雕塑作品，但是最重要的艺术成果还是那些极具犍陀罗艺术风格的彩绘壁画。

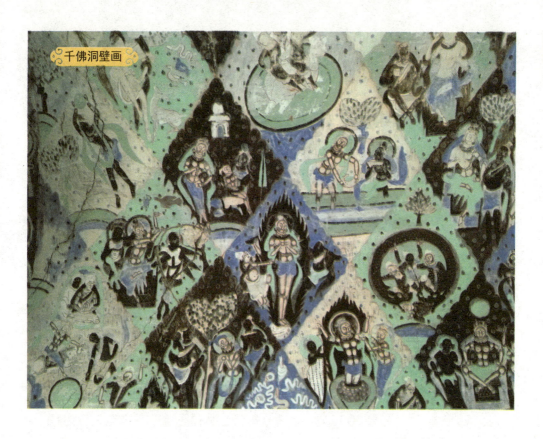

千佛洞壁画

克孜尔千佛洞的壁画内容丰富多彩，有佛本生故事，有菩萨、伎乐天、飞天和八部天龙，还有古龟兹人的生活场景和自然风光。

克孜尔千佛洞石窟中的壁画，无论是菩萨、飞天、伎乐天，还是壁画中的古龟兹人物造型，都非常精美。

这些壁画中，女人的身材都画得很自然，接近维纳斯式的裸露。这在魏晋南北朝中晚期的石窟中是十分罕见的。

在克孜尔千佛洞的一个石窟中，有一幅非常精美的壁画，画中是两位正在亲密交谈的菩萨。人物造型优雅，神态安详，艺术水平远高于同一时期的中原壁画。

两位菩萨都是秀目隆鼻，耳垂上戴有饰物，具有明显的西亚人特征；身上的服饰也很华美，别具特色。曼妙的体态、优雅的手势和丰富的表情，都给人以强烈的美感，这一切同中原地区的人物壁画有着极大的区别。

在另一个石窟中，画着一位非常美丽的舞神。她的胸部朝左，臀部向右，柔和、丰满的轮廓与上肢自然、和谐的动作配合在一起，更突出了源于古希腊的犍陀罗艺术特征。

《 东方的艺术明珠 》

莫高窟建在敦煌市东南鸣沙山东麓的断崖上，距市区25千米。莫高窟最早的洞窟是366年开凿的，比克孜尔千佛洞晚一个多世纪。

敦煌莫高窟是迄今为止世界上规模最宏大、保存最完好的佛教艺术宝库，也是东西方文化交流中孕育出来的耀眼的东方艺术明珠。

敦煌莫高窟从前秦时期开始创建，经过十六国、北朝、隋唐、五代、西夏、元代的扩建，现尚存有壁画和雕塑作品的洞窟共492个，壁画4.5万平方米，彩塑3000余尊。另外，还保存下来5座唐宋时期的木结构建筑。

1900年，在莫高窟的藏经洞中发现了封藏于11世纪初期的5万多卷宗教经典和古代文献。这个重大发现，使敦煌莫高窟成了人类文化的宝库，也使敦煌艺术震撼了整个世界。

1987年，敦煌莫高窟被联合国教科文组织列入世界文化遗产名录。

在莫高窟中，魏晋南北朝时期的洞窟有39个，主要是北凉、北魏、西魏和北周时期开凿的。其中有一个洞窟，开凿于366年，在秦晋淝水大战之前。

尽管莫高窟彩绘壁画的艺术风格与新疆克孜尔千佛洞中的壁画相比，已经发生了一定的变化，可这个时期的壁画仍然带有明显的古希腊犍陀罗艺术风格。

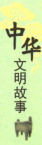

莫高窟壁画

在莫高窟中，早期的彩绘壁画都是以粗壮有力的土红色线起稿，先勾勒出人物头部和肢体的轮廓，再以彩色描绘，最后描上清晰的墨线定形。这也是敦煌壁画比中原地区的墓室壁画更加清晰的原因。

莫高窟中的壁画内容非常丰富，早期的壁画大多是佛祖讲经的场面和佛本生故事。

第263窟是北魏建造的。北壁的大幅壁画画着释迦牟尼成佛后首次说法的场景：中心是佛祖释迦牟尼，四周围绕着舞姿优美的菩萨；上面有散花的飞天，下面有对卧的双鹿，庄严肃穆中渗透着无限的优雅和恬静。

从壁画中人物的造型、衣饰的褶皱和面部的表情上看，仍然带有比较明显的古希腊犍陀罗艺术风格。

第257窟也是北魏建造的，西壁用长横幅画着《鹿王本生故事》：佛的前身是一只美丽的九色鹿王，在江边游戏时救起了一个将要溺死的人。被救的人向鹿王叩头拜谢，要给鹿王做奴仆。

但是鹿王拒绝了。鹿王对这个人说："将来有人要捕捉我时，你不要说见过我就行了。"

这个国家的国王善良、正直，王后却很贪心。王后梦见了九色鹿王，醒来后就向国王要九色鹿王的皮做衣服，用九色鹿王的角做耳环，国王只好悬赏寻找九色鹿王。

那个被九色鹿王救起的人贪图赏金，便出卖了鹿王。当国王带着人来捕捉鹿王时，鹿王向国王诉说了前因后果。国王深受感动，向全国下令：鹿王可以自由行走，不许捕捉。

如果说克孜尔千佛洞彩绘壁画带有浓厚的古希腊犍陀罗艺术风格，那么敦煌莫高窟彩绘壁画已经发展成了东西方艺术风格交汇、佛教与道教思想合流的绘画艺术精品。

鲜活的彩塑造像

敦煌莫高窟和麦积山石窟都以精美的彩塑造像闻名于世。魏晋时期，敦煌莫高窟的彩绘壁画与彩塑造像平分秋色。而在稍晚开凿的麦积山石窟中，彩塑造像已经成为石窟中最重要的角色。

3世纪出现的早期石窟艺术，主要是精美的彩绘壁画。到了魏晋南北朝的中晚期，彩塑造像开始占据重要地位，大面积的彩绘壁画逐渐成了石窟中彩塑造像的背景。

《 莫高窟敷彩泥塑 》

敦煌莫高窟虽然以大面积的彩绘壁画著称，但是洞窟中的主体造像都是敷彩泥塑佛像。

古希腊雕像都是石刻造像，为什么敦煌莫高窟中的佛像却是彩色的泥塑造像呢？原来，莫高窟所在的鸣沙山石

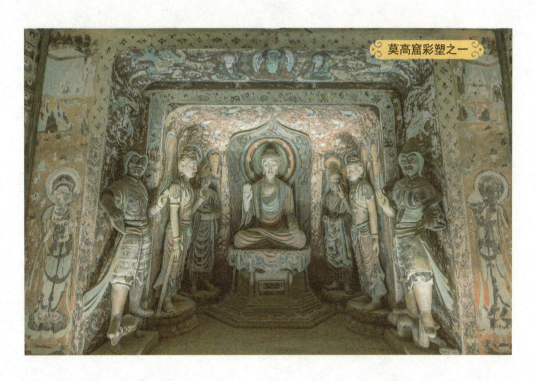

质比较疏松，不适宜雕刻佛像，所以就只能用敷彩泥塑的方法建造了。

在莫高窟现存的39个魏晋南北朝时期洞窟中，仍然保存着数百尊生动鲜活的敷彩泥塑造像，每尊都称得上是世界一流的艺术瑰宝。

在北凉开凿的第275窟和稍晚开凿的第272窟中，以及北魏前期的大部分洞窟中，彩塑造像仍具有浓厚的犍陀罗艺术特色。

彩塑造像的人物形态，无论佛祖、菩萨，还是罗汉、飞天，都体态优美、造型逼真、表情丰富。

这些洞窟中的佛像大都袒露右肩，外面披袈裟偏衫，里面穿僧祇（qí）支。僧祇支是一种僧衣，着于袈裟之下。菩萨的饰物华美多样，身体裸露得相当多，这一切都带有浓厚的犍陀罗艺术特色。

敦煌莫高窟的彩塑造像是在北魏以后开始发生变化的，艺术家们在雕塑中开始融入中国传统的艺术技法，把表现人物轮廓的线刻与表现形体凹凸的圆雕有机地结合在一起。

莫高窟彩塑之二

在北周时期的石窟中，阿难、迦叶的形象已经发生了变化。阿难被雕塑成汉人的形象，面相丰腴，神情自然、安详；迦叶则被塑造成了西亚人的相貌，高鼻深目，大眼宽腮，别具风韵。这些特征在早期的石窟艺术中是根本不存在的。

此时的彩塑造像，已经是中国传统艺术风格与犍陀罗艺术风格相结合的艺术作品了。

麦积山敷彩泥塑

敦煌莫高窟的彩塑造像固然精美异常，但敦煌还是以壁画名闻天下。而天水麦积山石窟，才真正以精美的彩塑造像享誉全球。

麦积山是小陇山中的一座奇峰，因为它孤峰崛起，形状酷似麦垛，故而得名。麦积山石窟就开凿在悬崖峭壁上，有的距山脚高20～30米，有的甚至高出70～80米。在如此陡峭的悬崖上开凿出上百个洞窟，在世

界上也是十分罕见的。

麦积山的自然景色极为秀丽，自古就以麦积烟雨的壮美景色闻名天下。山上到处都是苍松翠柏，碧草山花。攀上山顶，极目远眺，四周是郁郁葱葱的青山，重峦叠嶂，云雾茫茫，构成一幅壮丽的图景。因此，麦积山也是佛教四大石窟中风景最美的景区。

麦积山石窟创建于十六国时代的后秦（384年—417年）。现尚存洞窟194个，有各类佛像、菩萨造像7000余尊，其中1米以上的造像约1000尊。石窟中虽然也有大量彩绘壁画和石雕造像，但是保存数量最多、艺术水平最高的还是彩塑造像。

中外艺术家们普遍认为，麦积山石窟的彩塑造像是魏晋南北朝时期敷彩泥塑艺术的巅峰之作。

在麦积山石窟中，年代最为久远的彩塑造像完成于北魏初年，这些彩塑仍然带有明显的古希腊犍陀罗艺术风格。

麦积山彩塑

这个时期的佛像，造型健美，神态庄严，大都形体修长，外穿袈裟，内着僧祇支，右肩遮覆偏衫，神态安详庄重。主佛像的雕塑技法细腻自然，身上的衣饰雕刻得如薄纱透体，极富美感。

北魏时孝文帝大力推行汉化政策，中原地区和南朝士子的绘画艺术风格开始渗入麦积山石窟的彩塑造像艺术之中，出现了瘦骨清秀型的彩塑佛像，突出了人物潇洒的气质，以朴实简洁的造型和阴刻线条表现人物的内心世界。

在这一时期开凿的洞窟中，菩萨头戴花蔓宝冠，体态窈窕，面容清秀，衣服上疏密相间、起伏变化的阴刻线条显得非常秀美，透过浮雕似乎可以看到清晰的体态和轮廓，而轻如薄纱的飘带塑在绘有壁画的墙面上，使整尊彩塑佛像与背后的彩绘壁画完全融为一体。

麦积山石窟的彩塑造像在北周时期达到了辉煌的顶点。这一时期的彩塑造像优雅自然，栩栩如生。开凿于北周的七佛阁是麦积山现存最大的洞窟，洞窟宽达30米，内壁有彩塑佛像和菩萨像70多尊。在这座洞窟中，艺术家们创造性地采用了壁画与浅浮雕相结合的技艺，生动地再现了佛、菩萨、飞天和八部天龙的完美形象。

可以说，北周开凿的七佛阁代表了麦积山彩塑艺术的最高水平，同时也代表了魏晋南北朝时期彩塑艺术的最高水平。直到今天，这些杰出的艺术作品仍然充满着无穷的魅力。

精美的石雕艺术

魏晋南北朝时期的石窟艺术，早期是以精美的彩绘壁画为主，中期则是彩绘泥塑与石雕造像并行，北魏以后，石雕造像就成为石窟主要的艺术表现形式。其中，大同云冈石窟、洛阳龙门石窟、太原天龙山石窟

都是以石雕造像显示其艺术魅力的。

　　与新疆克孜尔千佛洞和敦煌莫高窟的彩绘壁画一样，大同云冈石窟、洛阳龙门石窟和太原天龙山石窟的石雕造像艺术仍然带有明显的古希腊犍陀罗艺术风格。

《 云冈石窟石雕造像 》

　　云冈石窟位于山西省大同市西郊的武周山南麓。石窟依山开凿，东西绵延1千米，气势宏伟，古朴庄严。云冈石窟现存主要洞窟53个，石雕造像51000余尊，最大的高达17米，最小的仅几厘米。

　　石窟中的佛像、菩萨、力士和飞天雕刻得精致细腻，形象生动活泼。2001年云冈石窟被联合国教科文组织列入世界文化遗产名录。

　　云冈石窟开凿于北魏和平初年（460年），主要的石窟皆完成于北魏孝文帝迁都洛阳之前，距今已有1500多年。早期共开凿了五个洞窟，是著名僧人昙曜主持开凿的，所以也称为"昙曜五窟"。

大同云冈石窟

云冈石窟雕像

云冈石窟早期的石雕造像，在艺术风格上仍然深受印度佛教艺术的影响，尤其是这五座石窟采用的穹隆顶，与印度犍陀罗艺术中常见的艺术形式非常相近。

昙曜五窟中佛像的相貌都极为丰满，鼻梁高耸，眼细长眉，身躯壮硕。佛像的服装，大都内着僧祇支，外披袈裟。其中，石雕菩萨造像最具特色：头戴宝冠，上身裸露，颈佩项圈，垂短璎珞，下体着裙，臂钏手镯，装饰得体，并以轻薄贴体的衣饰、精细的薄雕表现出身体线条的起伏变化，与断臂维纳斯确实有着亲缘关系。

云冈中期的石窟开凿于北魏孝文帝迁都洛阳之前。这个时期的石雕造像与昙曜五窟相比已经出现了一定的变化。第一个变化是石雕造像雍容清秀，意境深远，明显融入了中华本土的文化内涵；第二个变化是石窟和佛像规模都十分雄伟高大。

在云冈中期的石窟中，以第5窟和第6窟规模最宏大。第5窟中释迦

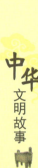

牟尼坐像高达17米，是云冈石窟中的第一大佛。另外，佛像的装束也发生了明显的变化，开始接近南朝士大夫的服饰。

北魏迁都洛阳后，佛教洞窟开凿的地点也随之南移，洛阳龙门取代了大同云冈，成为新的佛教洞窟中心。

《洛阳龙门石窟雕像》

龙门石窟位于河南洛阳市南郊的龙门山。龙门山色，本就是洛阳风景之冠。山上石质坚硬，非常适宜雕刻技术的发挥。北魏孝文帝迁都洛阳后，龙门石窟的雕刻随即就开始了。

在洛阳龙门石窟这座巨大的艺术宝库中，三分之一的石雕造像都是南北朝时期完成的。

洛阳龙门石窟中的石雕造像，与云冈石窟相比，在艺术特色和雕刻风格上出现了明显的变化，已经在古希腊犍陀罗艺术

龙门石窟雕像之一

风格中融入了浓厚的中国传统艺术特色，在雕刻技法上已经明显受到了南朝绘画风格的影响。

洛阳龙门石窟之二

在北魏开凿的宾阳中洞中，浮雕上的树、石、山、水的表现方法已经明显融入了顾恺之的绘画技法。而在著名的文昭皇太后礼佛图上，众多人物的动态和衣饰，同顾恺之的名画《洛神赋图》中人物的动态和衣饰非常相似。

《 天龙山石窟雕像 》

534年，北魏王朝灭亡，但是石雕造像艺术并没有停下发展的脚步。在东魏创建的太原天龙山石窟中，石雕造像艺术更是达到了南北朝晚期的顶点。

天龙山石窟始建于东魏时期（534年—550年），当时东魏的丞相高欢坐镇太原，在天龙山修建了避暑行宫，天龙山石窟就是从那时开始雕刻的。

天龙山石窟的石雕造像，面目清秀，褒衣博带式的袈裟，雕刻线条

中华文明故事

非常清晰。浮雕中树下的菩萨和维摩诘的雕像，神态各异，造型生动，体现了自北魏以来的传统雕刻风格。

高欢之子高洋建立北齐后，以太原为别都，继续在天龙山开凿石窟。

北齐时期的石雕造像，面貌异常秀美，很少有宗教气息，人物体态潇洒飘逸，衣服纹饰精美绝伦，达到了南北朝时期石雕造像艺术的顶点。这种全新的艺术风格为隋唐时期更加精美、细腻的石雕造像艺术奠定了基础。

天龙山石窟的主洞窟——漫山阁是隋末唐初的石雕造像，是中国古代石雕艺术从南北朝到隋唐过渡的代表性作品。

雕像分两层，上层是弥勒佛坐像，高8米，体态端庄，雍容丰腴，雕刻技法非常细腻，是中西文化结合的精品。

下层的中间是观音菩萨的立像，面目清丽，体态优美。雕像的右腿微弯，臀部略向左扭，以细致的技法表现了观音菩萨谦虚、自然的内心世界。

观音菩萨左边是骑着青狮的文殊，右边是乘坐白象的普贤。文殊和普贤两位菩

天龙山石雕造像

萨的雕像优雅端庄，极富质感。

两位菩萨胯下的青狮和白象生动鲜活，人兽相映，具有强烈的艺术感染力。更有趣的是，在文殊和普贤两位菩萨的衣饰、造型和神态上，依然可以看到古希腊犍陀罗艺术风格的影子。

就石雕造像艺术来说，这组雕像在我国古代的石雕造像中是首屈一指的。

到了这个时候，从地中海岸边经印度流传到中国西北的，具有古希腊艺术风格的犍陀罗石雕造像艺术，通过与中国传统艺术的融合，已经发展成为世界一流的石雕艺术瑰宝。

天文历法创奇迹

　　魏晋南北朝时期，中国古代的科学技术再一次达到了世界领先水平，并且在较长的历史时期保持世界领先地位。

　　魏晋南北朝时期，首先脱颖而出的是天文学。这一时期，天文学家们有三大贡献：第一，总结了先秦以来的星官体系，绘制了精美、准确的全天星图；第二，改进了天文观测仪器，取得了多项重大天文发现；第三，以观测为依据，制定了当时世界上最先进的历法。

全天星图世界领先

在中国，有一个非常奇怪的现象：历朝历代只有官方的天文学家，而没有自学成才的天文学家。

为什么会这样呢？原来，受董仲舒"君权神授"天命观的影响，自汉代以来，皇帝都把天象的变化同皇权的更替联系在一起。因此，私自观测天象是图谋不轨的重罪，是要被杀头的。

但是，魏晋南北朝时期却是个例外，尤其在北朝，十六国政权林立，战乱频繁，皇帝已经顾不上管天上的事了。因此，这个时期就成了我国古代天文学最活跃的时期。在这个特殊的历史时期，天文学家们在先秦、两汉的研究基础上，把天文学这门古老的学科发展到了一个全新的高度。

《 神秘的星官体系 》

早在先秦时期，中国的天文学就已经很发达了。古人为了观测天象，把天空的星星按组划分，给每组星星取一个名字，这就是"星官"。中国古代的星官很像古希腊天文学中的星座。

同西方一样，中国古代的天文学家也都是占星家。由于他们分属不同的流派，对星空的划分也不相同，所以就出现了不同的星官体系。

中国古代著名的天文学家是甘德、石申和巫咸，这三个人都是先秦时期的天文学家。

《 精美的全天星图 》

魏晋南北朝时期，最先在天文观测方面做出重大贡献的是陈卓。

陈卓，江南人，三国时期东吴的太史令。陈卓是东汉张衡"浑天

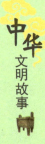

说"的信奉者，还写过一本《浑天论》。三国归晋以后，陈卓从东吴来到西晋的都城洛阳，担任西晋的太史令。东晋建立后，陈卓回到江南，继续担任太史令。因为陈卓先后担任过东吴、西晋和东晋三个朝代的太史令，后人称他为"三朝太史令"。

陈卓在担任西晋太史令时，把甘德、石申、巫咸三家星官汇集在一起，编成了一个有283个星官、1565颗恒星的星表，并且以此为依据，亲手绘制了新的全天星图。

陈卓在担任西晋太史令时做了一项重要工作。由于此时张衡的全天星图已经失传，陈卓把当时流行的甘德、石申、巫咸三家星官汇集在一起，以二十八宿为基础，编成了一个有283个星官、1565颗恒星的星表，并且亲手绘制了融三家星官为一体的全天星图。

陈卓的研究成果对中国古代天文学的发展产生了重大影响。他绘制的全天星图从东晋沿用到明朝末年，历经一千多年，一直是古代天文学家制作星图、浑象的依据。

我国流传至今的古代星图有敦煌全天星图、苏州石刻天文星图和常熟石刻天文星图，这些星图都是以陈卓的全天星图为蓝本刻制的。

尽管陈卓绘制的星表、星图和星占著作都已经失传，但是他的研究成果却通过唐人编写的《开元占经》流传了下来。1900年，在敦煌藏经洞中还发现了陈卓的《玄象诗》手卷。这份题有"太史令陈卓撰"的敦煌手卷，现在保存在巴黎的法国国家图书馆，是研究魏晋时期星官体系的重要资料。

魏晋南北朝时期，天文学取得辉煌成就的原因之一是：天文学家们在前人的基础上改进了浑象和浑仪这两种重要的天文仪器，使天文学的观测、研究达到了世界领先水平。

魏晋南北朝时期，浑象和浑仪这两种天文仪器的制作和改进，在天文学的发展史上起了非常重要的作用。

好多人都把浑象和浑仪搞混。实际上，这是两种完全不同的天文仪器。浑象是模仿天体运行的模型，浑仪是进行天文观测的仪器。

《 魏晋时期的浑象 》

东汉时期，张衡发明了水运浑天仪。魏晋南北朝时期的浑象是同张衡的水运浑天仪相似的仪器，也是一种能准确模仿日月星辰在天空运行的天体模型。

魏晋时期的第一台浑象是东吴天文学家王蕃制作的。王蕃也是张衡"浑天说"的信奉者，他先按照张衡的记述制作了一台小型浑象。

后来，东吴的另一位官员葛衡也制造了一台浑象，这台浑象比王蕃制作得更精巧。再往后，东吴名臣陆绩又制造了一台更为精妙的圆卵形浑象。

王蕃、葛衡、陆绩制作的浑象，在功能上同张衡制作的浑天仪相似：可以演示日月星辰在天空的运行情况，也可以显示恒星在天空中的位置。在这三台浑象中，葛衡制作的浑象结构最奇妙，天包着地，地在内，天在外，同西方的"地心说"宇宙模型基本一致，用手转动机械，天体在地外旋转，可以生动准确地再现日月星辰在天空中运行的情况。

魏晋时期的浑象为改进、重现古代天文仪器做出了重要贡献，为南北朝时期的浑象制作奠定了基础。

《 南北朝时的浑象 》

南北朝时期，灭掉东晋的刘宋王朝出了一位著名的天文学家——钱乐之。元嘉年间（424年—453年），钱乐之对东吴葛衡的浑象进行了改进，制作了一台更精巧的天文浑象。

后人称钱乐之的新浑象为"浑天象"。这台浑象的结构与葛衡的浑象相似，也是把地平面设置在天球里面。他还用地平面巧妙地把天球一分为二：一半在地平面之上，一半在地平面之下。

钱乐之的浑天象不是手动的，而是同张衡的浑天仪一样借助流水推动天球运行，浑天象所显示的星象与天空中星象的实际运行完全相符。

钱乐之最大的贡献是把陈卓的星官体系固定到浑天象上，其意义相当重大。由于战乱的缘故，陈卓的全天星图很早就遗失了，但是钱乐之制作的浑天象却经历了宋、齐、梁、陈、隋五个朝代，奇迹般地保存下来，为传播陈卓"三家合一"的星官体系起了重要作用。

《 观测仪器——浑仪 》

古代没有天文望远镜，最重要的天文观测仪器就是浑仪。

有趣的是，魏晋南北朝时期的第一台浑仪竟然是前赵的史官孔挺在323年设计制作的。前赵是十六国中由匈奴贵族刘渊建立的政权。这台浑仪的制作是我国古代天文学史上最重要的科研成果。

东汉天文学家贾逵（30年—101年，今山西襄汾人）制作过一台黄道铜仪。由于黄道铜仪上有黄道环，仪器制作复杂，使用很不方便。孔挺制作的浑仪去掉了黄道环，把原来的三重结构改成了两重结构。孔挺制作的浑仪非常先进，在我国使用了将近一千年，直到元代才被简仪所取代。

根据《隋书·天文志》记载，孔挺制作的铜浑仪由内外两层组成。外层是由三个相交的大圆环构成的骨架，内层是转动轴和转动的双环。转动轴的一头是天北极，另一头是天南极。双环直径长8尺（一尺约等于0.33米），双环之间还设置了一个长8尺、专门用来观测天空的望筒。使用这台浑仪可以很方便地进行天文观测。

在孔挺之前，制作浑仪的资料记载都非常简略，后人无法对仪器进行复原。只有孔挺制作的浑仪留下了详细的技术资料，后人可以很方便地复原出来。于是，这台浑仪就成了中国古代科学史上最重要的天文仪器。

古代浑仪

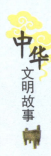

伟大的天文发现

为什么说中国古代天文学在魏晋南北朝时达到了世界先进水平呢？一个重要原因就是天文学家们使用了当时最先进的天文观测仪器，发现和研究了大量的天文现象，取得了多项世界一流的天文学成果。

魏晋南北朝时期，天文学家们取得了一系列重要的天文发现：发现了岁差，发现了日食的规律，发现了太阳和五星视运动的不均匀性。正是这些重大发现，为中国古代科学技术长期居于世界领先地位奠定了坚实的基础。

《 岁差的发现 》

魏晋南北朝时期第一项重要的天文发现，就是发现了岁差。

什么是岁差呢？春分、夏至、秋分、冬至是历法中重要的节气。冬至时刻，太阳在黄道上的位置叫冬至点。先秦时期，人们认为冬至点的位置是固定不变的。到了汉代，天文学家们发现冬至点是移动的，于是就把冬至点每年移动的值叫作岁差。

岁差示意图

最先发现岁差的是西汉末年的学者刘歆（xīn）。由于受"天人感应、君权神授"思想的影响，没有人敢怀疑上天，也没有人敢说上天会出现误差。所以，刘歆最终没有勇气把岁差的观测结果应用在自己制定

虞喜

的历法中。

随着魏晋南北朝剧烈的社会动荡和董仲舒谶纬神学的破灭，束缚人们的思想枷锁被打破了。

最先提出岁差的概念，并通过观测研究岁差问题的是东晋天文学家虞喜。

虞喜（281年—356年），字仲宁，会稽余姚（今浙江余姚）人，是东晋时期一位知识渊博、专心致力于学术研究的天文学家，《晋书·虞喜传》中称他"博闻强识，钻坚研微"。

虞喜通过多年的观测和研究发现，从尧帝到东晋的2700年间，太阳在冬至点的位置竟然移动了51°。由此，虞喜得出了一个重要的科学结论：太阳在周天运行中（太阳的视运动），每年都会产生微小的误差，把这些微小的误差加在一起，每50年就会相差1°。这就是中国古代天文学史上关于岁差的最早记载。

虞喜只做过一任小官，也不是官方天文学家，按说是不许研究天文学的。可他有幸生活在社会环境宽松、思想相对自由的东晋时期，凭着兴趣对天文学进行了深入的研究。虞喜发现的岁差是世界一流的天文学成果。

《 天文现象的新发现 》

虞喜之后，在天文学领域做出重大贡献的是北齐天文学家张子信。

张子信，河北清河人，也是一位民间天文学家。据《隋书·天文志》记载，张子信当过北齐的官员，"学艺博通，尤精历数"。尽管张子信的生平事迹已经无从查考，但是他在天文学上的三大发现却被《隋书·天文志》记载了下来。

张子信家境比较富有，他非常喜欢天文学。由于当时战乱不断，他带着全家人逃到一个海岛上隐居起来。在海岛上，张子信使用浑仪坚持观测天象30多年。

张子信认真观测太阳、月亮和五星的运行，获得了大量的第一手天文资料。在综合研究分析的基础上，他取得了三项重大天文发现。

第一个重大发现：首次发现了太阳视运动的不均匀性。

张子信发现，从春分到秋分，太阳运行速度比较慢（从春分到秋分的时间是186天再加10个小时）。从秋分到春分，太阳的运行速度比较快（从秋分到春分的时间还不到180天）。这个发现是世界天文学史上划时代的科学发现。

第二个重大发现：首次发现了太阳的运行轨道与月亮的运行轨道是相交的，并发现了月相变化对日食的影响。

太阳系的实际运行情况是地球绕着太阳转，但我们肉眼看到的却是太阳东升西落绕着地球转。我们看到的"太阳运动"其实是一个假象，在现代天文学上叫作太阳的视运动。

张子信

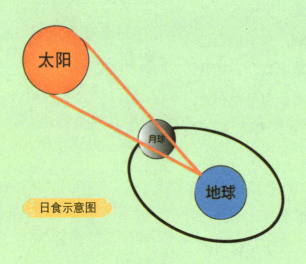

日食示意图

张子信根据长期观测得出结论：如果新月时日月相交，月亮在日道之内，就会发生日食，月亮在日道之外，就不会发生日食；如果满月时日月相交，无论月亮在日道之内，还是在日道之外，肯定都会发生日食。

第三个重大发现：首次发现了金、木、水、火、土五大行星的运行是不均匀的，最少的相差5°，最多的要相差30°。

张子信的三大天文发现，都是世界天文学史上一流的科学发现，为南北朝时期中国天文学领先世界做出了贡献。

精确的历法

魏晋南北朝时期出现了两部对后世影响极大的历法：一部是何承天主持制定的《元嘉历》，另一部是祖冲之主持制定的《大明历》。

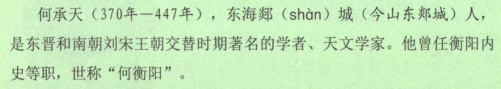

何承天的《元嘉历》

何承天（370年—447年），东海郯（shàn）城（今山东郯城）人，是东晋和南朝刘宋王朝交替时期著名的学者、天文学家。他曾任衡阳内史等职，世称"何衡阳"。

何承天自幼丧父，母亲徐氏是东晋秘书监徐广的姐姐，博学多才。因此，何承天从小就受到了良好的教育。

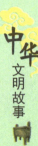

中华文明故事

何承天自幼喜好读书，尤其擅长天文历法，他最大的成就就是在南朝宋元嘉二十年（443年）编制了一部著名的历法——《元嘉历》。

何承天

何承天把自己的天文学研究成果都融入到了这部历法中，因此《元嘉历》被元代杰出的科学家郭守敬列入了中国古代最有创造性的十三家历法之一。

何承天的第一个贡献：创立了月亮的定朔法。朔月是看不到月亮的那天。朔月过去就是新月，月牙儿挂在天上。望月就是满月，是月亮最圆的那天。定朔就是确定月亮朔月和望月的时刻。

在何承天之前，天文学家们都认为月亮的运行是匀速不变的，月份的安排通常是大月30日，小月29日；经过15～17个小月，再配上两个大月。但是，用这种方法确定的朔望时刻往往与实际天象不符。

何承天修订《元嘉历》时，先确定了太阳和月亮的实际位置，然后根据它们之间的关系再确定朔望的准确时刻。这样一来，朔望的时刻就与月亮的实际位置完全相符了。何承天创立的定朔法是中国古代历法的一项重大进步。

何承天的第二个贡献：利用月食测定太阳的准确位置。何承天在校对冬至和夏至时发现，古代历法中的这两个重要日期与实际天象不相符。于是，他巧妙地利用月食校对了太阳的实际位置。

日晷

由于月食发生的时候，太阳、月亮、地球恰好在一条直线上，因此何承天"以月验日"的方法非常准确。

何承天的第三个贡献：利用日晷（guǐ）实测太阳投射的影子长度，确定二十四个节气。在何承天之前，春分、秋分、立春、立冬等节气是推算出来的，误差很大。何承天利用实测的晷影长度确定二十四个节气，纠正了前人历法中的错误。

祖冲之的《大明历》

比《元嘉历》更精准的是祖冲之制定的《大明历》。在距今1500多年的南北朝时期，《大明历》是当时世界上最准确的历法，在世界天文学史上占有非常重要的地位。

祖冲之（429年—500年），字文远，范阳遒县（今河北涞水）人，是南北朝时期杰出的数学家、天文学家。祖冲之出身书香门第，他的祖父和父亲都很有学问。他从小就受到良好的教育，尤其爱好天文学和数学，夜晚经常观测月亮和星星在天空中的运行情况，并做出详细的记录。

祖冲之先后在南朝的宋、齐两朝任职，把自己的全部精力都用在科学研究方面，在天文学、数学方面做出了重要贡献。

祖冲之一生的著述相当多，他撰写的《缀术》代表着当时中国数学的最高水平。尽管由于年代久远，他撰写的科学书籍没能完整地保存下来，可是他制定的《大明历》却流传了下来。

祖冲之制定的《大明历》是继何承天的《元嘉历》之后出现的更优秀的古代历法，也是当时世界上最精确的历法。

祖冲之

《 精准的置闰方法 》

祖冲之在历法上的第一个贡献，就是采用了新的置闰方法。

中国古代的历法实际是一种阴阳合历，以月亮绕地球一周的时间作为一个月，而以地球绕太阳一周作为一年。

由于月亮绕地球一周是29天多一点，因此，每个月亮年由12个月组成，共有356天。但是，地球绕太阳一周却需要365天。这样一来，一个月亮年和一个太阳年之间就相差了11天。为了让月亮年和太阳年一致，我们的祖先也像古巴比伦人一样，在每19年里增加7个闰月，从而解决了这个问题。这个方法在历法上称为"置闰"。

在何承天制定的《元嘉历》中，每19年中设置7个闰月，已经是当时世界上最先进的历法了。但是，祖冲之通过计算发现，按照何承天的置闰方法，每200年相差一天，并且设置的闰月太多，很不方便。因此，祖冲之在制定《大明历》时提出了在每391年中设置144个闰月的置闰方法。

祖冲之的置闰方法，与现代实测值相差仅十万分之一日。也就是说，每十万年才出现一天的误差，比何承天的《元嘉历》更精确。

祖冲之的第二个贡献，是把岁差的概念引入了历法。尽管人们早就发现了岁差的存在，虞喜和何承天都对岁差进行过研究，但是一直没有应用到历法上。

在何承天制定的《元嘉历》中，还没有考虑岁差的影响。祖冲之首次把自己计算出来的岁差值引入了《大明历》。

祖冲之在制定《大明历》的过程中，不仅引进了岁差的概念，还采用了新的置闰方法，制定了当时世界上最先进的历法。

除此之外，他还在天文学研究中做出了许多世界一流的科学发现。

祖冲之根据实测推算出一个回归年的长度为365.24281481日，与现代的科学测定值仅有50秒左右的误差。祖冲之根据观测数据准确推算出木星的公转周期为11.858年，与现代的科学测定值11.862年，仅差0.004年。祖冲之推算出来的五大

祖冲之制定《大明历》

行星会合周期也十分精确，其中水星的误差最小，和现代的科学测定值基本相同；火星的误差最大（误差0.094日），也不到0.1日。这些天文学上的精确结论都遥遥领先于西方。

　　祖冲之制定的《大明历》是当时世界上最精确的历法，他的科学发现都是世界科学史上的重大发现。为了纪念这位伟大的科学家，1967年，国际天文学家联合会把月球上一座巨大的环形山命名为"祖冲之环形山"。

数学　神算铸辉煌

在魏晋南北朝时期，天文学能取得那么辉煌的成果，是不是有什么特殊原因呢？是的。那就是这个时期，数学家们为天文学提供了强有力的数学工具。

魏晋南北朝300多年间涌现出了刘徽、张丘建、赵爽、甄鸾、祖冲之和祖暅（gèng）之等多位世界一流的数学家。

这些数学家取得了多项世界一流的数学成果，为这个时期科学技术的飞速发展提供了一流的数学工具。

正是这些数学家们的研究成果，才使中国古代科学技术在魏晋南北朝时期再一次达到了世界领先水平。

中华文明故事

《算经十书》是唐朝国子监算学馆里使用的教材，其中有九部是魏晋南北朝的数学成果，分别是：刘徽的《九章算术注》《海岛算经》，赵爽的《周髀（bì）算经注》，张丘建的《张丘建算经》，甄鸾的《五曹算经》和《五经算术》，祖冲之的《缀术》，无名氏的《孙子算经》以及《缉古算经》。

古代数学的集大成者

中国古代数学在先秦时期已经处于世界领先地位。但是秦汉以后，只有一部《九章算术》收集、总结了先秦时期的数学成果。数学的研究范围和研究方法，一直停滞在先秦时期的水平，没有什么大的进展。直到魏晋南北朝时期，这种局面才有所突破。

魏晋南北朝时期，最先在数学上做出重大贡献的是曹魏时期的学者刘徽。尽管刘徽的生卒年代已经无从考证，但是他却为我们留下了曹魏景元年间重要的数学研究成果。

刘徽被公认为是我国古代数学的集大成者。我国古代的数学思想就是从刘徽开始取得突破性进展的，刘徽的数学著作有《九章算术注》《海岛算经》和《九章重差图》。

刘徽撰写的《九章算术注》，第一次完成了中国古代数学系统化、理论化的工作。刘徽的第一大贡献是，对前人在《九章算术》中提出的大部分数学问题给出了明确的定义和解释；第二大贡献是，对《九章算术》中涉及的重要数学问题进行了严密的推理和论证；第三大贡献是，提出了许多超越前人的新的数学思想。

刘徽在《九章算术注》中提出，在数学解题过程中要"析理以辞，

刘徽

解体用图"。也就是说，在分析问题时用语言表达，在解决问题时用作图的方法。刘徽的解题方法，直到今天仍然是进行数学研究的重要方法。

在刘徽的《九章算术注》中可以清晰地看到，他的数学研究已经进入了系统化、理论化的新阶段。他所取得的数学研究成果，对我国古代数学的发展产生了深远影响。

《 割圆术与圆周率 》

刘徽最先确立了用割圆术精确计算圆周率的方法。从春秋战国直到西汉，人们使用的圆周率都是"周三径一"，也就是"$\pi = 3$"。直到东汉时期，大科学家张衡在进行天文计算时，才开始使用"$\pi = 730/232 \approx 3.1466$"这个比较精确的圆周率值。

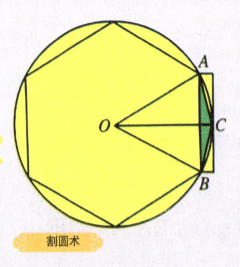

割圆术

刘徽认为"$\pi = 3$"只不过是圆内接正六边形的周长与直径的比值。如果让边数增加，就会更加接近圆；边数越多，这个圆内接正多边形的面积就越接近圆的面积，得到的圆周率——π 的值就越精确。

利用"以圆内接多边形无限逼近圆"的方法，刘徽从圆内接正12边形开始计算。他计算了正24边形、

中华
文明故事

正48边形、正96边形，最后通过对圆内接正3072边形的计算，得到了"π=3927/1250=3.1416"的结果。

刘徽不仅计算出当时世界上最精确的圆周率，而且给出了对圆周率进行精确计算的方法，为以后祖冲之的研究打下了重要基础。刘徽使用的方法在世界数学史上占有重要地位，是当时世界上计算圆周率最先进的方法。

《 微积分的极限思想 》

刘徽在使用割圆术计算圆周率的过程中，还提出了现代微积分学中十分重要的"极限"概念。

刘徽使用割圆术的方法，是让圆内接多边形的边数无限增加，当边数达到无穷多时，这个圆内接多边形就与圆完全重合在一起了，就达到"割之又割，以至于不可割，则与圆周合体而无所失矣"的程度了。

刘徽提出"边数无限增加，逐渐与圆合体"的数学观念，与牛顿的微积分基本思想完全相同，已经是非常清晰的现代微积分学中的"极限"概念了。

《 刘徽与勾股定理 》

刘徽在《九章算术注》中使用"出入相补"的原理，成功地证明了公元前1000年商高提出的勾股定理。

在刘徽之前，数学家们虽然知道勾股定理，但最终没能给出明确的证明。

刘徽利用"出入相补"的原理，巧妙地证明了勾股定理。他还利用这个原理解决了许多重要的数学难题。

刘徽的"出入相补"原理是一种直观的几何学方法，他的思路完全可以同古希腊大数学家欧几里得的几何学思想相媲美。

刘徽全面总结了先秦至两汉期间重要的数学成果，提出了数学研究的系统思想和重要方法，使中国古代数学思想和研究方法取得了突破性进展。因此，后人称赞刘徽是"中国古代数学的集大成者"。

人才辈出的时代

魏晋南北朝时期出现了多位杰出的数学家，他们紧跟在刘徽之后，形成了一个数学家梯队。他们在数学领域取得的重要成果，对后世数学、天文学都产生了深远的影响。

从魏晋开始，直到南北朝结束，是中国古代数学思想和科学思想最活跃的时代，也是人才辈出的时代。杰出的数学家们形成了一个颇具规模的梯队，他们沿着刘徽开创的数学研究之路做出了卓越的贡献。

赵爽《周髀算经注》

魏晋时期，东吴数学家赵爽的《周髀算经注》具有重要的学术地位。

赵爽与刘徽是同时代人，在他撰写的《周髀算经注》中记载了许多重要的数学研究成果，解决了许多重要的数学问题。这部书对我国古代数学思想的飞速发展，产生了相当重要的影响。

赵爽在数学上的第一个贡献是证明了勾股定理，并且画出了几何图形。

在《周髀算经注》中，赵爽用500多字专门论述了古老的勾股定理，在总结东汉勾股算法的同时，完整地证明了这个重要定理。

赵爽的证明方法虽然不如刘徽的方法直观，但他最早画出了证明勾股定理的几何图形——赵爽弦图。

魏晋之际的数学家们依据刘徽和赵爽二人研究勾股定理的成果，发现了一个具有实用价值的勾股测量方法，并使用这种先进的测量方法创造了重差术，解决了许多实际测量问题。

在我国，利用勾股定理进行工程测量起源很早。传说，在大禹治水的时候就已经开始使用了。在公元1世纪前后出现的《周髀算经》中，已经详细地记载了用勾股定理进行工程测量的方法。

魏晋时期使用的勾股测量方法比先秦时期更先进、

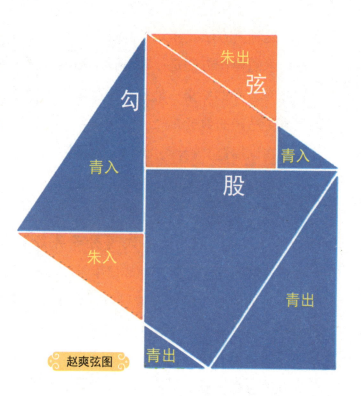

赵爽弦图

重差术示意图

更科学，这种新方法被称为"重差术"。

重差术的操作方法是：在进行工程测量时，通过两次不同方位的测量，得到有差异的结果；然后再根据两次测得的结果进行比较、推算，从而得到更精确的数据。

赵爽在《周髀算经注》的《日高图注》中，利用几何图形的换算关系，第一次对重差术做出了理论上的证明。

无名氏《孙子算经》

魏晋时期的数学成就，并非局限于简单的应用领域。

这一时期的数学研究领域日益扩大，数学理论也迅速提高。我国古代数学史上许多重要的学术问题都是在这个时期提出来的。在无名氏撰写的《孙子算经》中，记载了许多古代学者广泛研究的著名数学问题。

《孙子算经》是魏晋时期出现的一部数学名著，书中涉及了许多重要的数学问题。因为这部数学名著是假托大军事家孙武的名义编写的，早在隋唐时期，人们就已经弄不清作者的真实姓名了。

爱看武侠小说的读者一定看过金庸的《射雕英雄传》吧？在这部书中有这样一个故事：

女主人公黄蓉给居住在湖沼中的瑛姑出了三道题，其中第三题黄蓉称之为"鬼谷算题"。原文是这样的："今有物不知其数，三三数之剩二，五五数之剩三，七七数之剩二，问物几何？"

瑛姑因为解不了这道数学难题，所以一直无法进入黄药师的桃花岛。

韩信点兵的故事

黄蓉给瑛姑出的这道难题——"鬼谷算题"，是一个有趣的数论问

题。因为最早出现在《孙子算经》中，所以后人也把这个问题称为"孙子问题"。

这个古老的数学问题还引出另一个非常有趣的故事，这就是著名的韩信点兵的故事。

楚汉相争之际，韩信用兵如神，深受人们的钦佩。有一次，刘邦的重要谋士萧何问韩信："将军用兵神机妙算、决胜千里，难道有什么诀窍吗？"

这时候，韩信手边正巧摆着一盘围棋。于是，韩信就笑着对萧何说："哪里有什么诀窍呢，只不过略懂一点算数方法而已。您要是想知道诀窍，就抓几个棋子，然后我再告诉您。"

萧何就随手抓了一把棋子。韩信对萧何说："您先三个三个地数，再五个五个地数，最后七个七个地数，只把每次数得的余数告诉我。我就知道您抓了多少个棋子。"

萧何哪里肯信，就开始数手中的棋子，数完之后告诉韩信说："我抓的棋子，三个三个地数剩1，五个五个地数剩2，七个七个地数也剩2。"韩信立即算了出来："您抓了37个棋子，对吗？"萧何回答说："对极了，正好是37个。您是怎么算出来的呢？"

《 神奇的计算口诀 》

当韩信准确地算出萧何手中的棋子一共有37个的时候，萧何感到非常吃惊，他好奇地一再追问韩信："您是怎么算出来的呢？"

这时候，韩信给他背了一首诗：

三人同行七十稀，

五树梅花二十一，

七子团圆正半月，

除百零五便得知。

　　把韩信的口诀列成今天的数学算式就是：

　　（1×70）+（2×21）+（2×15）-105=142-105=37

　　具体的操作方法是：用第一次得到的余数乘以70，用第二次得到的余数乘以21，用第三次得到的余数乘以15，把它们加在一起，再减去105，就得到37这个数了。

　　如果萧何抓的不是37，而是另外数目的棋子呢？按照这个方法仍然可以算得很准确，这就是"孙子问题"的计算口诀。用这个口诀，当然也可以解决黄蓉给瑛姑出的那道难题了。

　　那么，韩信点兵时使用的口诀是如何推导出来的呢？《孙子算经》可没给出结论。

　　这几句神秘的口诀，当时可是未解的大难题，这个问题只能留到宋元时期，让那个时代的杰出数学家去解决了。

　　亲爱的读者，你也可以和朋友在下围棋的时候玩一玩这个"韩信点兵"的数学游戏。无论你的朋友手中抓了多少个棋子，你用前面给出的公式都能算得准确无误。

　　你的朋友肯定会为你的神机妙算大吃一惊！如果算出来的数字太大，就要减掉105的倍数，否则就不准确了。黄蓉那道题就减去了210，结果是23。

《 中国剩余定理 》

　　亲爱的读者，千万别小看这个数学游戏。这个问题就是从天文历法计算中演变出来的"一次同余式"求解问题，也是东西方数学家们感兴趣的高等数学中的数论问题。

　　在中国数学史上，这个问题是南宋著名数学家秦九韶解开的。秦九

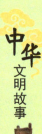

韶的研究成果被西方数学界称为"中国剩余定理"。而在西方，直到18世纪才取得相同的结果，距离《孙子算经》中提出的"孙子问题"已经过去了1300多年。

古代数学研究的新高度

魏晋南北朝是我国数学史上一个重要的历史时期，是一个数学成果层出不穷、数学理论飞速发展、数学大师辈出的时代。

祖冲之不仅是著名的天文学家，在天文学领域做出重大贡献，而且是一位伟大的数学家和机械发明家。

祖冲之一生著述很多，其中《缀术》《九章术义》是重要的数学专著。遗憾的是，由于年代久远，祖冲之撰写的这些数学书籍都没能保存下来。

魏晋时期的刘徽是先秦到两汉时期数学理论的集大成者。南北朝时期的祖冲之则是把中国古代数学研究推向新的高度、达到世界先进水平的伟人。

祖冲之在数学上有两项重大贡献：第一项，祖冲之在刘徽的基础之上对圆周率进行了更精密的计算，精确到了小数点以后第六位；第二项，祖冲之和儿子祖暅之共同推导出球体体积的计算公式，解决了球体体积的精确计算问题。

祖冲之这两项贡献在世界数学史上是首屈一指的，具有极高的学术价值。这两项重要的数学成果，不仅把魏晋南北朝时期的数学水平提高到了前所未有的高度，而且为我国古代数学在长达上千年的时间内一直处于世界领先地位奠定了重要的学术基础。

《 圆周率的精密计算 》

祖冲之

祖冲之在数学上的第一大贡献，就是把圆周率精确到了小数点以后第六位。

在南北朝时期，由于天文学研究的进一步深入和机械制造的迅速发展，天文学家和工程技术人员都需要有一个更加准确的圆周率。当时，人们使用的圆周率是曹魏时期大数学家刘徽计算出来的，这个值是3.1416。

祖冲之沿着刘徽开辟的道路继续前行，经过长期的艰苦努力，终于计算出当时世界上最精确的圆周率：这个值在3.1415926～3.1415927，精确到了小数点以后第六位。为了方便使用，祖冲之给出了两个用分数表示的圆周率的值：一个是22/7，另一个是355/113，前者被称为"约率"，后者被称为"密率"。

祖冲之精确的圆周率仍然是用刘徽的割圆术计算出来的。先在圆中做内接正多边形，做好后量出每条边的长度；然后加在一起，就会得到一个接近圆周的数值；最后，再拿这个数值除以圆的直径，就得出一个圆周率的近似值。用这种方法，反复增加圆内接正多边形的边数，反复进行计算，于是，这个近似值就越来越精确了。

利用这种方法计算出圆周率，要想让精度达到小数点以后第六位，

中华文明故事

用圆内接正多边形逼近正圆

需要割多少个圆呢，需要进行多少次运算呢？数学家们计算了一下，要得到祖冲之计算出来的圆周率的密率为355/113，祖冲之割圆术中的最后一个圆就要有12288条边。

今天，我们使用电子计算机，要计算这个值只用几秒钟就足够了，可当时连算盘还没发明出来呢！祖冲之是使用纸、笔和筹码——几捆小木棍进行艰难而乏味的数学运算的。至今，我们也不知道这位伟大的科学家在枯燥的计算中度过了多少个寒暑。

祖冲之在5世纪下半叶计算出圆周率的密率为355/113，这比世界上其他数学家要早得多。阿拉伯数学家和欧洲数学家，都是在祖冲之后1000多年才得到相同的结果。

《 球体体积的推导 》

祖冲之在数学上的第二大贡献，就是推导出计算球体体积的标准公式。

在汉代成书的《九章算术》中，已经列出了球体体积的计算公式，用今天的数学算式表示就是：$V=9/16d$。

算式中的d是球的直径。这是一个误差相当大的近似公式。曹魏时期，大数学家刘徽已经指出了其中的错误，但他并没有找到计算球体体积的正确方法。

刘徽感到自己在这个问题上无能为力，他在《九章算术注》中明确表示：自己既然发现了前人的错误，就一定要提出质疑，留待后世的能者完成这项工作。刘徽这种虚心、谨慎的科学态度深为后人所称道。

在刘徽之后的200年间，球体的体积问题一直没有得到解决。直到南北朝时期，祖冲之、祖暅之父子才取得了突破性的进展。他们推导出了至今仍然在使用的球体体积公式：$V=\frac{4}{3}\pi r^3$。

球体体积：$V=\frac{4}{3}\pi r^3$

球体体积公式

祖冲之、祖暅之父子在推导这个公式的过程中，还发现了一个重要的数学原理，即"幂势既同，则积不容异"。这个原理用现代数学语言表述就是："形状不同的两组立体，只要它们在任意等高处的截面积相等，则它们的体积就不可能不相等。"

由于这个原理是在祖冲之的儿子祖暅之的著作中被记载下来的，因此在世界数学史上被称为"祖暅之原理"。

祖暅之原理在现代微积分学中具有非常重要的意义。

在西方，这个原理是意大利数学家卡瓦列里在17世纪才发现的，此时距离祖氏父子发现这个原理并推导出球体体积公式只少已有1100年之久了。

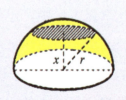 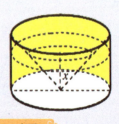

祖暅之原理示意图

《 谬论可以休矣 》

近年来，经常听到一些从国外留学归来的学者发出这样的谬论："中国古代根本没有自然科学。"

之所以造成这样的错误认识，是因为这些学者没有读过中国古代的数学著作。例如《算经十书》就不是纯数学，而是和天文学、工程学紧密相连的。

这些学者还忘记了，在近代欧洲，直到开普勒确立行星运动三定律时，天文学和占星术仍然是混在一起的。而数学和天文学在古代的关系更加密切，怎么能把现代的学科划分方法应用于古代呢？研究古希腊的科学史家从来没有把古希腊的数学和几何学排除在自己的研究范畴之外呀！

如果能像英国科学史家李约瑟那样，客观地看待魏晋南北朝时期的数学成就，就完全可以得出这样的结论：中国古代科学技术能够在3～13世纪较长的历史时期内居于世界领先地位，魏晋南北朝时期的数学家们是功不可没的。

人徳炼巧生地数天艺民
间词丹夺物理学文术族
百歌神术科科神历瑰融
善赋术传学学算宝合
孝古传　　放铸惊大
为洲　　　　异　世发
先源　　　　彩　界展

地理 科学放异彩

　　魏晋南北朝时期，由于普遍的思想解放，学术界呈现出了"百花齐放、百家争鸣"的局面。在这个科学技术飞速发展的时代，除了天文学和数学之外，地理科学和生物科学的成就也非常辉煌。为什么会出现这种情况呢？

　　原来，在魏晋南北朝时期，许多玄学名士把注意力转向了美丽的自然景色，转向了崇山峻岭和江河湖泊，转向了花草树木和鸟兽虫鱼，这种关注为地理科学和生物科学的发展开创了良好的社会氛围。

　　根据《隋书·经籍志》的记载，魏晋南北朝时期出现的地理学著作竟然有130多部！其中，最著名的是西晋张华的《博物志》、东晋法显的《佛国记》和北魏郦道元的《水经注》。

西晋张华的《博物志》

魏晋南北朝时期，最先在地理学领域做出重大贡献的是西晋的张华。

张华（232年—300年），字茂先，范阳方城（今河北固安）人，西晋初年的重臣，在"八王之乱"中被赵王伦杀害。张华是一位杰出的文学家，而他在地理学上的杰出贡献却常常被人忽视。

张华编撰的《博物志》虽然不是一部地理学专著，但他在书中首次提出了"中国"的概念，首次记述了火山、地热等地质现象，甚至还提出了"大地运动"的观点呢！

《 提出"中国"的概念 》

张华在《博物志》中提出，"中国"是以黄河流域和长江流域为中心的地区，跨越一万五千多里，东到大海，西越甘肃，南到衡山以南，北跨草原大漠。

张华还提出，"中国"的范围并不是固定不变的，而是随着国家的盛衰而变化，尧舜时期有上万里，三国时期只有七千里。

张华在《博物志》中还对《尚书·禹贡》《山海经》《尔雅》等典籍中的山川地理进行补充叙述。

在《博物志》中，他分别论述了春秋战国时秦、蜀、魏、赵、吴等十二国的地理位置。如书中详细描述了秦国的地理位置："秦，前有蓝田之镇，后有胡苑之塞，左崤函，右陇蜀，西通流沙，险阻之国也。"语言精练，准确无误，远远超过了以前所有的地理学著作。

《博物志》中虽然有少量类似《山海经》的神话传说，但是书中对大部分山川、河流的记载都是准确的。

《 "五岳"和"四海"的确定 》

"五岳"和"四海"的概念也是张华最先提出来的。

我国古代很早就有祭祀山川的习俗，但在魏晋南北朝之前，人们所说的"五岳"并不完全一致。在张华的《博物志》中，确定了"五岳"是华山、泰山、恒山、衡山、嵩山这五座大山。

张华在《博物志》中还对"四海"进行了探讨。

他说，北海在大漠以北很远的地方，中国很少有人去过。汉朝骠骑将军霍去病北伐匈奴的时候，打到瀚海才回师，所以应该有北海这个地方。张华所说的北海，就是今俄罗斯境内的贝加尔湖，因为贝加尔湖太大了，被古人误认为"海"。

张华在《博物志》中对西海、南海和东海的记述非常准确。"汉朝使者张骞曾经渡过西海，到达大秦；东海非常广阔，没听说有谁渡过东海。" 张华所说的"西海"就是现在的里海，"大秦"就是罗马帝国；而"东海"就是今天的东海，它是太平洋的一部分。因为那时美洲大陆还没被发现，中国人确实没有渡过东海到过美洲。

张华还说："南海不是很广阔，没有到西南夷就到头了，携带家人渡过南海到达交趾的人很多。"张华所说的"南海"，就是我国的南海，而"交趾"就是现在的越南北部。

《 地质现象的记载 》

张华在《博物志》中还生动地记载了地热、火山喷发和岩浆涌出地面等地质现象。

书中记述，四川临邛（qióng）有火井，井口阔五尺，井深二三丈。当地人使用竹木在井中取火，诸葛亮还专门去看过。这是我国古代书籍中关于四川地热现象的最早记载。

书中还记载了活火山："酒泉延寿县南山名火泉，火出如炬。"这个现象只有两种地质活动发生时才可能出现：一种是活火山，另一种是地下天然气发生的自燃。

张华在《博物志》中还生动地描述了地下岩浆涌出的地质现象："去高昌八百里，有石流黄数十丈，纵广五六十亩……夜视皆如灯光明。"凡稍有科学常识的人都能意识到，这正是岩浆涌出后在大地上流动的地质奇观。

《 张华的相对性原理 》

张华在《博物志》中还最先提出了大地运动的科学论断，还做出了和伽利略相对性原理非常相似的大地运动的论述呢！

17世纪，意大利著名科学家伽利略在《两种新科学的对话》中提出了著名的相对性原理。他利用船只来解释相对性原理：把你和朋友关在封闭的船舱里，再使船以任何速度前进，只要运动是匀速的，你无法确定船是在运动还是静止不动。

伽利略提出这个原理，是为了说明地球在绕着太阳转。人们为什么感觉不到地球在运动呢？因为地球是匀速运动的。

张华在《博物志》中也提出了与伽利略相同的观点，他也认为大地是运动的。

张华说，因为大

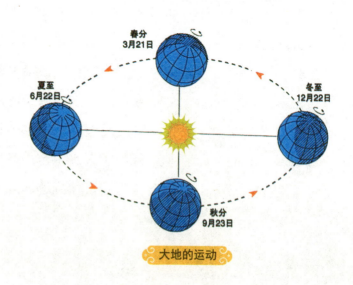

大地的运动

地是运动的，所以有春、夏、秋、冬四季。冬至，大地向西北方向运动三万里；夏至，大地向东南方向运动三万里；春分和秋分时处在中间位置。张华还提出，大地是常动不止的，就好像人坐在船舱中，船一直在行走，而人却感觉不到。

尽管张华给出的大地运动的数据是不准确的，然而，在1700多年前提出四季的变化是由于大地运动产生的，这在世界科学史上是绝无仅有的！更重要的是，张华在1700多年前就能够用"闭舟而行，不觉舟之运也"，对地球的运动做出生动的比喻，实在是令人钦佩！

法显西行与《佛国记》

法显的《佛国记》准确地记述了南亚次大陆各国的地理、交通、宗教、文化、物产及风俗，反映了当时南亚地区的经济、文化和社会状况，具有相当高的科学价值和史料价值。

大家都读过《西游记》，对唐僧取经的故事都非常熟悉。其实，早在唐朝以前就已经有人不畏艰险、长途跋涉到印度求取佛经了。这个人就是东晋高僧法显。

法显（约337年—约422年），平阳郡（今山西临汾）人，东晋名僧。399年（东晋隆安三年），已经年过花甲的法显与慧景、道整一行11人从长安出发西行，沿着丝绸之路，踏上了去天竺（今印度）求取佛经的漫漫长路。

他们经过了荒无人烟的茫茫沙海和荒漠戈壁，翻越了人迹罕至的高原草甸和皑皑雪山，历尽千辛万苦，才到达印度次大陆。

《 法显西行取经 》

法显一行从长安出发，取道河西走廊，越过葱岭，先后到达今天的印度、巴基斯坦、尼泊尔、斯里兰卡等地。

法显和同伴去西天取经，历时14年，游历了约30国，带回许多佛经。

412年，法显和同伴取得真经后经海路返回中国。在漫长的航行中，他们乘船经历了印度洋的热带风暴、南中国海（今中国南海）的惊涛骇浪，最后经过东海、黄海，在山东崂山登陆，返回了祖国。

法显一行去西天取经，出发的时候11个人，回到山东崂山的时候，只剩下法显一个人。途中的艰难险阻，可想而知。

《 对印度河的描述 》

法显回国后，撰写了一部重要的地理学著作——《佛国记》。

法显

法显的《佛国记》，记述了我国西北和南亚等地的山川地理、风土人情、经济状况和宗教典籍，是我国古代第一部根据实际考察，真实地记录了南亚次大陆的地理、风俗的重要著作。

法显在《佛国记》中，对印度河（古称新头河）流域地理环境的描述极为详细。书中说，越过葱岭，就进入了北天竺（今印度西北部）境内。顺着葱岭再向西南方向行走十五天，就到了印度河岸。

法显还描述了印度河上游险峻的山势："崖岸险绝，其山惟石，壁立千仞……下有水，名新头河。"

法显记述说，曾经有人在岩壁上凿石通路，有700多个阶梯，攀上这些阶梯以后还需要使用悬索才能渡过河去。汉朝使者张骞也没有到过这里。渡过印度河就到了北天竺，北天竺是佛祖生活过的地方，佛祖的遗迹都在这里。

法显还记述说，印度河经过中天竺（古印度）向南流，到达南天竺（古印度的一部分，今属巴基斯坦），流入大海。

《 对地理物候的描述 》

法显在《佛国记》中还记载了师子国（今斯里兰卡）的地理和物候。书中说，师子国在大洲之上，左右有上百个小洲，都与大海相距不远。师子国出产宝石和珍珠。书中还谈到了师子国的气候："其国无冬夏之异，草木常茂，田种随人，无有时节。"这确实是斯里兰卡的气候特征。

法显在书中还记载了葱岭以南的地理环境。"自葱岭以前，草木果实皆异，唯竹与安石榴（即石榴）、甘蔗三物与汉地同耳。"也就是说，越过葱岭再往西南行走，地上的植物，除了竹子、甘蔗和石榴以外，其他都与中国的植物不一样了。

法显所说的"葱岭以前"，就是从帕米尔高原往西、往南的南亚地区。

印度盛产甘蔗和石榴。中国境内的石榴和甘蔗就是西汉张骞通西域后从中亚传入中国的。

随着中西方文化的交流，到了19世纪，法显的《佛国记》开始受到国内外学者的广泛重视，先后被译成法文、英文、日文等多种文字，在世界学术界产生了很大的影响。

郦道元与《水经注》

北魏郦道元的《水经注》是魏晋南北朝时期最重要的地理学著作。在学术界有一门"郦学"，就是专门研究郦道元《水经注》的，可见这部书有多么重要。

郦道元（约470年—527年），字善长，范阳涿县（今河北涿州）人，北魏名臣，也是我国古代著名的地理学家。

郦道元从小聪明好学，读过很多书，他不仅喜欢读《诗经》《周礼》等儒家经典，对《尚书·禹贡》《山海经》《汉书·地理志》更是情有独钟，这为他日后研究地理学奠定了重要基础。

俗话说："读万卷书，不如行万里路。"郦道元出身官宦之家，他父亲在北魏的许多地方都做过官。郦道元从小跟随父亲到过河北、山东等许多地方，饱览北国的大好河山。

成年后，郦道元先在北方担任地方官，北魏政权南迁后，他又担任了河南和湖北交界的东荆州刺史，还统帅大军到过安徽涡阳。这些经历

郦道元的《水经注》是一部地理学巨著，全书共40卷30多万字。《水经注》记载的河流多达1252条，是《水经》的10倍。如果再加上书中记载的湖、泽、陂（bēi）、泉、池等各类不同的水体，共2000多处，是《水经》的20多倍。

郦道元

为他研究地理学提供了第一手宝贵资料。

《《水经注》的科学价值 》

魏晋南北朝以前，所有的书籍对河流湖泊的记载都是以古代九州的划分为依据的。那些跨州郡的江河水道被分割得支离破碎，严重地影响了人们对江河水系的整体认识。直到东汉年间，学者桑钦撰写了《水经》，才改变了这种状况。

《水经》虽然有许多独到之处，但是内容太简略，全书仅8200多字，只记载了137条河流，很难反映我国古代水系分布的全貌。

郦道元的《水经注》名义上是对这部《水经》所作的注释，其实是以《水经》为参考，重新创作的一部以水系为脉络的地理学巨著。

郦道元不仅参阅了前人的地理书籍和地图，而且进行了大量的实地考察。这部书对黄河、长江、珠江、钱塘江、海河、淮河等重要水系的发源、流向、支流和入海，都做了详细的记载。不仅如此，郦道元还对河流沿岸的名胜古迹、历史人物、历史事件、神话传说以及民俗、民风进行了生动的描述，并记载了流域中水文、气候、地貌、土壤、植被等各方面的情况。

《 对江河源头的记述 》

郦道元的《水经注》对黄河和长江的记述非常详细，全书40卷，黄河占了5卷，长江占了3卷，两条大河占了全书的五分之一。

由于郦道元是北魏人，长期生活在北方，从来没有去过南方，也不能身临其境考察长江，在长江源头的论述中，他沿袭了前人"岷山导江"的错误结论。但是对于黄河源头，郦道元对古人的记载提出了疑问。他不同意"导河积石"的说法，认为黄河的源头比积石山要远得多。

中华文明故事

郦道元引用《西河旧事》中的说法，认为黄河发源于葱岭："葱岭在敦煌西八千里，其山高大，上生葱，故曰葱岭也。河源潜发其岭。"尽管黄河并不是发源于葱岭，但却表明郦道元已经认识到黄河的源头比人们常说的积石山要远得多。

《 对长江三峡的描述 》

郦道元虽然没有去过三峡，但是他对长江三峡景色的描述却是极其出色的，古往今来无人能比。

郦道元首先描绘了三峡两岸磅礴险峻、雄伟挺拔的山势："自三峡七百里中，两岸连山，略无阙处。重岩叠嶂，隐天蔽日。自非亭午夜分，不见曦月。"

接着，又描绘了峡谷之中那奔腾千里、水流湍急的江水："夏水襄陵，沿溯阻绝，或王命急宣，有时朝发白帝，暮到江陵，其间千二百里，虽乘奔御风，不以疾也。"

最后，作者向人们展现了岸上"素湍绿潭，回清倒影""悬泉瀑布，飞漱其间"的景色，生动地再现了古人对三峡景色绝佳的描述："晴初霜旦，林寒涧肃，常有高猿长啸，属引凄异，空谷传响，哀转久绝。故渔者歌曰：'巴东三峡巫峡长，猿鸣三声泪沾裳！'"

李白的名句"两岸猿声啼不住，轻舟已过万重山"，可能就源于郦道元的《水经注》吧！

《 对壶口瀑布的描述 》

郦道元《水经注》对黄河的描述非常详细，对位于山陕峡谷中著名的黄河壶口瀑布的描述也极为生动。

郦道元描述了孟门山的险要地势，他认为孟门就是龙门的上口，自从大禹凿开了孟门山，就形成了壶口瀑布。

郦道元对壶口瀑布的水势描述得太生动了。他在书中这样描述气势磅礴的壶口瀑布："巨石临危，若坠复倚……其中水流交冲，素气云浮，往来遥观者，常若雾露沾人，窥深悸魄。其水尚崩浪万寻，悬流千丈，浑洪赑（bì）怒，鼓若山腾，浚波颓叠，迄于下口。"

《 对地质现象的描述 》

郦道元在《水经注》中还记载了大量具有重大科学研究价值的地质现象和地质构造。

郦道元不仅描述了长江三峡美丽的自然景色，还详细记载了江岸崩塌产生的地质灾害："江水历峡东，迳（jìng）新崩滩。此山汉和帝永元十二年崩，晋太元二年又崩。当崩之日，水逆流百余里，涌起数十丈。"

书中对长江江岸崩塌的记载，对研究长江的地形、地貌，对长江水利工程的开发都有着重要的科学价值。

美丽的钟乳石

在《水经注》中，还有关于石灰岩地貌——喀斯特地貌的详细记载。在《水经注·易水》条中，郦道元描述了距自己家乡不远的北方洞穴中有美丽的钟乳石："易水又东迳孔山北，山下钟乳穴，穴出佳乳……上又有大孔，豁达洞开，故以孔山为名也。"这可能是我国古人对北方石灰岩地貌和钟乳石的最早描述。

在《水经注·涢（yún）水》条中，郦道元还详细描述了南方石灰岩洞穴中生成的钟乳石："大洪山为诸岭之秀，山下有石门……入石门，又得钟乳穴，穴上素崖壁立，非人迹所及。穴中多钟乳，凝膏下垂，望齐冰雪……"这些描述对研究我国南北各地的喀斯特地貌具有重要的科学价值。

《 对境外河流的描述 》

更难得的是，《水经注》还记载了发源于我国境内、向东南注入印度洋的恒河。

郦道元虽然没去过西南，也没有出过国，但是在《水经注·河水》卷中却准确地描述了万里之遥的恒河："恒水之源，乃极西北，出昆仑山中，有五大源……西北流，东南注大海。"

由于恒河的发源地距昆仑山确实不远，也由于古人对昆仑山的高度和广度过分夸大，因此，郦道元的描述基本上是有道理的。

郦道元的《水经注》为我国古代的水文地质研究、人文地理研究提供了丰富的珍贵资料，这或许就是"郦学"得以流行的重要原因吧！

科学谱新篇

生物

　　魏晋南北朝时期，出现了多部重要的生物学著作。比较早的有西晋张华的《博物志》和嵇含的《南方草木状》。晚些时候，有东晋郭璞对《尔雅》的注释——《尔雅注》和北魏郦道元的《水经注》。

　　西晋张华的《博物志》中虽然有许多地理学内容，但是书中对全国不同地区的动物、植物都进行了详细记载，具有很高的生物学价值。东晋郭璞的《尔雅注》则是对前人生物学知识的总结。

　　北魏郦道元的《水经注》虽然是一部地理学专著，但也包含了许多重要的生物学知识。

　　西晋嵇含的《南方草木状》是我国第一部系统的生物学专著，详细而准确地记载了生长在我国南方的多种植物，具有非常重要的科学研究价值。

张华的《博物志》

西晋张华编撰的《博物志》记述了大量的地理学知识，算不上生物学专著。但在这部《博物志》中，张华记载了生活在不同地区的许多动植物的特征和生活习性。

《 张华笔下的鳄鱼 》

张华在《博物志·异鱼》中明确地记载了我国海南曾经有过大鳄鱼。他在书中说："南海有鳄鱼，状似鼍（tuó）。"鼍是古人对扬子鳄的称呼。张华既然明确地指出这种鳄鱼"状似鼍"，那就可以肯定不是生活在长江中的鼍——扬子鳄，而是和扬子鳄很相像的大型鳄鱼。

鳄鱼

古人把鳄鱼也称为"蛟"。在《世说新语·自新》中记载着这样一个故事：在义兴，也就是今天的绍兴，水中有蛟，山中有白额虎，再加上横行乡里的少年周处，被老百姓称为"三害"。后来，周处上山射死了白额虎，入水斩杀了食人蛟，他自己也改恶从善，成为西晋的名臣。

周处是一个真实的历史人物，他入水斩杀的"蛟"就是大型鳄鱼。因此，张华在《博物志·异鱼》中所记载的"南海有鳄鱼，状似鼍"，指的就是这种大型食人鳄。

在古代，岭南和海南可能有食人鳄，后来随着气候的变迁才灭绝了。

《 张华笔下的海马 》

张华在《博物志》中还描述了可爱的小海马！

书中对东海出产的小海马描述得生动传神：东海有一种蛟错鱼，会直接生出小鱼；当小蛟错鱼受到惊吓的时候就会回到母亲的肚子中，过一会儿还会再出来。张华在书中所说的"蛟错鱼"，其实就是小海马。

小海马出生后，为了安全，平时就生活在父亲的育儿袋里。如果周围没有什么危险，它们就会从育儿袋中出来四处游玩；当危险来临时，它们就重新回到父亲的育儿袋中。

很显然，张华所说的"海马生子"是不对的。张华所看到的也不是小海马的妈妈"生娃娃"，而是小海马从父亲的育儿袋中出来游玩，受到惊吓时又逃回去的情形。

《 张华笔下的大象 》

张华在《博物志·异兽》中还记载了一个关于大象的爱情故事呢！

他在书中说，南方曾经给朝廷进贡了四头大象，雌雄各两头。其中

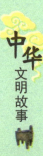

有一头雄象死在了九真（指九真郡，位于今越南中部），在从九真到南海的100多天中，那头和它相爱的雌象把土涂在身上，不饮水，也不吃东西。

大象确实是一种既聪明又重感情的动物。在大象的家庭中，如果雄象死了，雌象自然郁郁寡欢；如果雄象被人杀害，雌象甚至还会拼死为雄象报仇呢！所以说，张华的记述是相当真实的。

《 张华笔下的野人 》

张华在《博物志·异兽》中还记载了一个关于野人的传说。

书中说，蜀地南面的高山上有一种很像猕猴的动物——猴玃（jué），身长七尺，能像人一样直立行走。长得美丽的妇女从这里路过，就可能被猴玃抢走。这是我国古代典籍中最早的关于猴玃抢夺妇女的记载。

有人认为，张华所说的猴玃就是野人。

据张华的记述，在1700多年前的魏晋时期，生活在今川、鄂、湘等地的猴玃可能是一个处于原始社会的人类部落，他们活动在深山之中。如果真是这样，张华在《博物志》中记载的猴玃抢夺妇女的事就容易解释了。

《 张华笔下的鲸鱼 》

张华在《博物志》中还提到了鲸鱼集体自杀的奇异现象，这可能是我国古代典籍中最早的关于鲸鱼自杀的记载。

书中写道："鲸鱼死，而彗星出。"这是一个很有科学研究价值的记载。

鲸鱼的集体自杀与彗星出现两者之间是否有直接关系，目前还不能

鲸鱼

确定。不过，彗星的出现会引起地球和月亮之间引力的变化是肯定的，必然会对海洋的潮汐产生影响。但鲸鱼集体自杀是否与彗星的出现有关，还有待证实。

郭璞的《尔雅注》

郭璞对《尔雅》的注释是对前人生物学知识的全面总结。这部书对《尔雅》中提到的所有动植物都进行了详细、明晰的注释，对它们的形态、特征和生长环境都进行了描述。

郭璞（276年—324年），字景纯，河东闻喜（今山西闻喜）人，东晋文学家，他的著作有《尔雅注》等。

郭璞的《尔雅注》，是对古代生物学知识的全面总结，对我国许多地区出产的动植物都进行了详细记载。

郭璞笔下的大熊猫

郭璞的《尔雅·释兽》对我国古代森林和草原中的许多动物都进行了描述，其中对大熊猫的描述极确切。

在郭璞的注释中，大熊猫的名字叫"貘（mò）"。郭璞是这样写的，"貘"这种动物长得非常像熊，只是头有点儿小，脚有点儿痹（bì），貘的身上有黑白两色的斑驳。郭璞还特别指出，貘喜欢吃竹子，还喜欢舐食铜铁。

通过郭璞的描述可以断定，他所说的"貘"就是我国的国宝——生活于今四川、陕西和甘肃一带的珍稀动物大熊猫。郭璞对大熊猫"食竹子"和"舐食铜铁"的记载，都是相当准确的。大熊猫确实有"嗜铁"的行为，在我国古代的其他文献中也有同样的记载。关于大熊猫喜欢"舐食铜铁"的原因，目前还在研究当中。

《 郭璞笔下的中华鲟 》

在郭璞的《尔雅·释鱼》中，记载了许多产于我国江河湖泊中的著名鱼类，其中对中华鲟（xún）的记载非常准确。目前，中华鲟和大熊猫一样，也是我国一级珍稀野生动物。

郭璞在书中这样写道：鳣（zhān）是一种大鱼，鼻子比较短，口长在额下，身上有斜行的甲，没有鳞，肉是黄色的，最大的有二三丈长，江东人称之为黄鱼。

郭璞所说的"鳣"，就是生活在长江的中华鲟。中华鲟是长江中个体最大的鱼类，被称为"长江鱼王"。

在《尔雅》中只列出了"鳣"这个名字，并没有详细的说明。郭璞在《尔雅·释鱼》中对"鳣"进行了非常详细的描述。他所说的"短鼻，口在额下"和"邪（斜）行甲，无鳞"，都准确地描述了中华鲟特有的外形特征，有相当重要的科学价值。

郭璞所说的中华鲟"体长二三丈"稍有些夸张，成年中华鲟体长在3～4米，重约500～600千克。尽管古代长江的自然环境比现在要好得

中华鲟

多，中华鲟的身长可能会比现在大一些，但是不可能达到7～10米。

鹈鹕和鼯鼠

郭璞在《尔雅·释鸟》中，对我国各地的鸟类也做了详细的描述。郭璞对"鹈鹕（tíhú）"的注释就相当准确："鹈俗名淘河，喜欢成群飞翔，会潜水，以鱼为食。"郭璞所说的"鹈"就是今天的鹈鹕。

郭璞在《尔雅·释鸟》中还生动地描述了森林中鼯（wú）鼠的生活习性。他说，鼯鼠长得像狐狸，它的脚爪很短，尾巴有三尺长，会哺乳

后代；鼯鼠和蝙蝠一样，生有一双肉翅，可以滑行。郭璞还非常明确地指出，鼯鼠这种小动物只能从高处往下滑翔，而不能从下面往上飞。由此可见，郭璞对鼯鼠的观察是非常仔细的。

郭璞虽然认识到了"鼯鼠会哺乳后代"，但是却把鼯鼠归入了鸟类，这是十分错误的。

《尔雅注》虽然不是生物学专著，但这部书对我国各地的鸟兽鱼虫都进行了详细注释，对它们的外形外貌、生活习性、繁殖方式进行了生动的描述和记载，这在1600多年前是非常可贵的。

《水经注》与生物学

《水经注》是一部重要的地理学专著，郦道元在描述黄河、长江、珠江等重要水系的同时，还详细地记述了生长在不同流域的动植物状况。

郦道元笔下的植被

郦道元在书中描述了黄河上游位置偏北的榆林山。他说，榆林山上树木众多，没有草，鸟兽大都不在这里居住，但是蛇非常多。他还说，榆林山旁边有榆溪，从榆溪再往西，生长着许多榆树和柳树。榆林山和榆溪就是因此得名的。

郦道元还描述了黄河中游偏南的地方生长着完全不同的植物。他在书中说："西九十里曰夸父之山，其木多棕、楠，多竹箭。其北有林焉，名曰桃林……"传说上古神话夸父逐日的故事就发生在这里。

夸父山也叫秦山，和黄河拐弯处的华山相连，离今河南灵宝市不太远。郦道元应当在这里进行过详细的考察。今天，我们从山西的风陵渡南下，渡过黄河来到华山以南，就可以看到大片的竹林。

在郦道元的笔下，清晰地记载着这样的事实：榆、柳经霜耐旱，所以生长在西北地区，而棕、竹喜欢暖湿，所以生长在黄河南岸。

《 郦道元笔下的华南虎 》

亲爱的读者，你听说过华南虎吧？在北魏郦道元的《水经注》中还有关于它的记载呢！

郦道元在《水经注·河水》中转述了《穆天子传》中周穆王猎虎的故事。周天子要在郑圃这个地方射鸟猎兽，先派手下人进入树林把鸟兽赶出来。当时有只老虎藏在林中，在周天子快到的时候，将士们生擒了这只老虎，把虎献给了周天子。于是，周天子就下令把老虎关在了东虢（guó）。

华南虎

现在河南荥阳市的"虎牢关"这个地名就是这么来的，"虎牢"就是关老虎的地方。

这个故事是古人在中原地区猎虎的重要记载。这说明西周时在今河南一带是有老虎出没的，这只老虎可能是华南虎或是华南虎的亚种。遗憾的是，目前野生华南虎越来越少，已经濒临灭绝。

《 郦道元笔下的类人猿 》

郦道元在《水经注·江水》中，还记述了在长江三峡南岸曾经生活过的类人猿——猩猩。

《水经注》中说，"猿"生活在长江三峡的南岸，曾经有人从江南把猿带到江北山中，但是这些猿在江北却无法生存。

郦道元所说的"猿"指的就是类人猿——猩猩，而不是猴子。猴子比较耐寒，可以生活在长江以北气温较低的地区。直到现在，在黄河以北的中条山上仍然有野生猴群。猩猩生活在温暖湿润的江南地区，在长江以北的气候条件下是无法生存的。因此，郦道元笔下生活在长江以南的猿只能是体型较大的类人猿——猩猩。

李白的诗句"两岸猿声啼不住，轻舟已过万重山"也说明，直到唐代，长江三峡一带可能仍然有猿类在活动。因此，郦道元的记述是相当重要的，对研究长江三峡一带的古生物具有重要意义。

嵇含的《南方草木状》

嵇含（263年—306年），字君道，西晋文学家和植物学家，他是竹林七贤之一嵇康的侄孙。《南方草木状》是嵇含304年写成的。

《南方草木状》详细描述了我国五岭以南生长的热带、亚热带植物，共有80种。书中穿插了大量的逸闻趣事和风土人情，语言典雅，具有魏晋时期的行文风格。

这部书在生物科学上有两个重大贡献。

首先，《南方草木状》是我国古代第一部生物学专著。在此之前，生物学知识是和地理学搅在一起的，或者是对某些文献中出现的动植物的注释。而《南方草木状》是我国现存最早的关于岭南地区的生物学专著。

其次，在这部书中第一次把植物分成草、木、果、竹四大类，这种分类方法标志着我国古代生物分类学进入了一个新阶段。

【 嵇含笔下的甘薯 】

《南方草木状》对甘薯的记载是我国古代典籍中最早的。

嵇含笔下的甘薯非常逼真："根、叶亦如芋，实如拳，有大如瓯（ōu）者，皮紫而肉白，蒸鬻（yù）食之，味如薯蓣（yù）……"嵇含在书中说，广东、海南人普遍栽种甘薯，平时以甘薯为主要食物，称之为薯粮。

嵇含在《南方草木状》中还记述了甘薯的养生作用。书中是这样记述的："大抵南人二毛者百无一二，惟海南之人寿百余岁者，由不食五谷而食甘薯故尔。"意思是南方人的寿命都比较短，大多数人在还没有生出白发的时候就死去了。但是，生活在海南的人寿命很长，许多人能活到百岁以上。原因就是他们不食五谷，只以甘薯为主食。

【 关于甘蔗的记载 】

嵇含在《南方草木状》中对甘蔗的描述也很有趣。书中说，交趾（今越南北部）产的甘蔗很粗，长得很像竹子，吃起来很甜。把甘蔗榨成汁，制成糖，放入口中就化了，当地人称为"石蜜"。嵇含所说的

"石蜜"，就是我们今天的蔗糖。

嵇含还在书中记载了一个故事。有一次，东吴的君主孙亮让太监到管库的官员那儿取交州进献的甘蔗饧（xíng）。太监和管库官员有矛盾，就把老鼠屎投进甘蔗饧中，然后回报说库官失职。于是，孙亮就把管库的官员叫来问道："这只银碗是盖着的，不可能有老鼠屎。你是不是得罪了太监？"管库的官员只好如实回答："太监曾向我索要莞席，我没有给他。"孙亮把太监叫来审问，太监只好磕头认罪。

【 关于桂树的记载 】

嵇含在《南方草木状》中还对桂树进行了详细的描述。他在书中说，合浦出产桂树，生长在高山之上，冬夏常青，成片生长，独自成林，林中通常没有杂树。

嵇含在书中还记载了桂树的三个品种：叶子像柏叶，皮是红色的，叫丹桂；叶子像柿叶的，是菌桂；叶子像枇杷叶的，叫牡桂。书中还引

桂树

用了《三辅黄图》中桂树气味芳香的记载："甘泉宫南有昆明池，池中有灵波殿，以桂为柱，风来自香。"

《 神奇的蜜香树 》

嵇含在《南方草木状》中提出，"蜜香、沉香、鸡骨香、黄熟香、栈香、青桂香、马蹄香、鸡舌香"八种香料都出自同一种树——蜜香树。嵇含所说的"蜜香树"，就是今天的沉香。

嵇含还解释说，蜜香树被砍伐后，木心和结节坚黑能沉入水中的，就是沉香；和水面平的，是鸡骨香；蜜香树的根，是黄熟香；树干是栈香；细枝紧实没有腐烂的，是青桂香；根节轻而且很大的，是马蹄香；蜜香树的花不香，结下果实有香味，是鸡舌香。

嵇含在书中还记载了罗马帝国向西晋进贡蜜香纸的故事。

他说，蜜香纸是用蜜香树的树皮和树叶制成的。这种纸呈微褐色，有鱼形纸纹，又香又结实，放在水中也不会烂。太康五年（284年），大秦（罗马帝国）曾向西晋朝廷进献了三万幅蜜香纸。

《 荔枝和龙眼 》

嵇含在《南方草木状》中对荔枝树的描述也非常生动。他说，荔枝树高五六丈，像桂树一样四季常青。荔枝树结的果实像鸡蛋那样大，果核黑黄色。荔枝果很甜，像石榴一样果汁很多。

嵇含还记述了汉代宫中从交趾移植荔枝树的事情。汉武帝时，从交趾移植了好多棵荔枝树，栽种在长安的上林苑中，连续移植了好几年，只有一棵荔枝树成活了。尽管这棵树一直不结果实，但汉武帝仍然很珍惜它。

嵇含在书中还对荔枝和龙眼进行了区分。嵇含描述说，龙眼树和荔

枝树很相似，只是龙眼树的叶子稍小一些。龙眼的果壳是青黄色的，形状圆如弹丸，果肉呈白色而且带浆，甘甜如蜜。而且果实像葡萄一样，总是五六十颗长成

荔枝

一簇。因为龙眼紧跟在荔枝之后成熟，所以人们也把龙眼叫作"荔枝奴"。

嵇含还引用了《东观汉记》中的记载，匈奴单于到汉朝来朝拜时，皇帝曾经赐给他橙子、橘子、龙眼和荔枝等南方果品。

《 嵇含笔下的椰子 》

嵇含在《南方草木状》中对椰树的记载很准确。在他的笔下，椰树的叶子像棕榈，高六七丈，没有枝条。

嵇含笔下的椰果更鲜活："其实大如寒瓜，外有粗皮，次有壳，圆而且坚；剖之有白肤，厚半寸，味似胡桃，而极肥美；有浆，饮之得醉。"这可能是中国古代典籍中对椰树和椰果最早的记载了。

巧夺天工技艺精

魏晋南北朝时期，在应用技术和自然力的利用方面同样取得了辉煌的成就。指南车、记里鼓车和千里船是当时世界上最精巧的机械装置。龙骨水车、水碓（duì）磨和帆船是当时世界上对自然力利用的最新成果。

为什么在魏晋南北朝应用技术能取得前所未有的伟大成就呢？除了广泛的思想解放之外，还有三个重要的社会因素。

第一，东汉末年，三国鼎立，大批杰出的人士和手工业者、技术工匠迁徙到了西蜀和江南，同时也带去了先进文化和应用技术。

第二，五马渡江，东晋建立，中原世族大姓携带家人、部属渡江南下，辅佐新政权，再次给江南带去了先进文化和应用技术。

第三，北魏建立，实行全面汉化政策，掀起了北方少数民族学习中原先进文化的高潮，中原地区的应用技术得以广泛传播。

中华文明故事

先进的机械制造

魏晋南北朝时期，涌现出许多杰出的工程技术人员和机械制造大师。

著名的发明家有魏国的马钧，蜀国的蒲元，南朝齐的祖冲之。他们发明的各种神奇的机械装置，为中国古代应用技术长期领先世界做出了贡献。

魏晋南北朝时期，有许多重要的机械装置得以发明，如指南车、记里鼓车、排灌翻车和千里船。这些发明比意大利文艺复兴时期达·芬奇的发明要早 1000 多年。

《 神奇的指南车 》

三国时，魏国的马钧在机械制造方面做出了重大贡献，史书上称赞他为"天下名巧"。

马钧，魏国扶风（今陕西兴平）人。他的第一大贡献就是成功地制造出传说中的黄帝指南车。指南车与指南针的作用虽然相同，但原理完全不一样。

指南针利用的是地磁引力，而指南车靠的却是机械转动。指南车的巧妙之处在于它不用磁石，只利用机械装置就可以让车子无论怎样转向和行驶，而车上木人的手始终指向南方。

根据古代文献记载，黄

指南车

帝制作过指南车。但是，很多人认为黄帝制作指南车只不过是神话传说，根本不可信。

马钧最先证实了这个传说的真实性。

235年，在魏国的朝堂上发生了一场激烈的争论。争论双方都是魏国的官员，一方是马钧，另一方是高堂隆和秦朗。

高堂隆和秦朗认定黄帝制作指南车只不过是个传说，而马钧认为黄帝制作指南车是可能的，而且完全可以重新制作出来。

于是，魏明帝曹叡（ruì）下令，让马钧制作一辆指南车。马钧很快就成功地制造了一辆指南车。这辆指南车和古籍中记载的黄帝指南车一样，无论怎样转弯、行驶，车上木人的手始终指

祖冲之死后，指南车制作技术再次失传。直到20世纪末，中国人民解放军海军工程师刘海涛又重新制作成功。

马钧

向南方。

马钧死后，指南车制作技术再次失传。后来许多人试着制作指南车，但都没有成功。到了南北朝时期，大科学家祖冲之再次成功地造出了指南车。

中华文明故事

《 巧妙的排灌翻车 》

在老电影中，我们经常可以看到用水车灌溉农田的镜头。直到20世纪60～70年代还在使用的龙骨水车，其实就是三国时期马钧发明的排灌翻车，基本原理并没有多大变化。

南朝宋著名的史学家裴松之在为《三国志》做的注释中，记述了马钧发明排灌翻车的故事。马钧在洛阳居住时，有一块坡地很适合建菜园，但是地势高，灌溉很困难。于是，马钧就制作了一架可以提水灌溉的翻车。

古老的龙骨水车

马钧制作的翻车非常巧妙，也非常省力，连儿童都转得动。书中说："令童儿转之，而灌水自覆。"

《 神奇的记里鼓车 》

记里鼓车是西晋时发明的，距今已经1700多年了。遗憾的是，由于年代久远，已经无法知道它是谁发明的了。

记里鼓车设计得非常巧妙。根据《晋书·舆服志》的记载，记里鼓车和指南车的样子很相似，车上安装有木人，手里拿着鼓槌，对着一面鼓，车每行走一里路，木人就用鼓槌敲一下鼓。

记里鼓车的原理是：车轮每转动一圈，齿轮就移动固定的齿数。车行一里，齿轮刚好达到相应的位置。这时，齿轮带动凸轮运动，并通过杠杆和绳索牵动车上的木人，让木人击鼓，于是就实现了与今天汽车里程表同样的功能。

记里鼓车，是西晋皇帝出行时的礼仪用车。

这辆距今已经有1700多年的记里鼓车，就是世界上最早的记程车。

《 精巧的木牛流马 》

三国时，蜀国的蒲元也是著名的机械制作大师。诸葛亮"六出祁山"，为蜀军运输粮草时使用的木牛流马就是蒲元发明制作的。

蜀国大将姜维在《蒲元别传》中说，蒲元是诸葛亮手下的官员。建兴九年（231年），诸葛亮出兵伐魏，担心粮草转运困难而一筹莫展，蒲元向诸葛亮献计：他可以制作一种木牛，带有两个环，人行走六尺，牛行走四步，可以载一名士兵全年的粮食。

诸葛亮在"六出祁山"时，确实使用木牛流马运过粮草。有人认为，这种木牛流马就是后来山区农家广泛使用的独轮车。也有人认为，蒲元制作的是不用人力就可以自动行走的木牛流马。遗憾的是，这种技术早已失传了。

蒲元

传说，祖冲之也制造过木牛流马，不用风力，不用水力，只用很少的人力就可以让木牛很快地行走。

祖冲之还利用木牛流马自行的原理，制作过一艘千里船。这艘船在新亭江试航时，一天可以行驶一百多里。遗憾的是，祖冲之的木牛流马和千里船都没能保存下来。

自然力的利用

中国古代对自然力的利用虽然是从两汉开始的，但鼎盛时期是在魏晋南北朝，因为这一时期对水力和风力的利用最普遍。

《 水碓的发明 》

在今北京朝阳区的团结湖畔，有一个名叫"水碓子"的地方。那里高楼林立，十分繁华，为什么会有这么个奇怪的地名呢？而水碓又是什么东西呢？

原来，水碓是魏晋时期发明的用流水作动力的谷物脱粒机。

据《晋书·王戎传》记载，名列竹林七贤的王戎曾经"广收八方园田，水碓周遍天下"。可见，至少在西晋时期，水碓的使用已经相当普遍了。

到了东晋，出现了几个水碓共用一个转轴的连机碓。这项技术的发明，极大地提高了水碓的利用功效。

北京朝阳区的水碓子建于清代，是清朝政府给八旗子弟发粮饷的地方。当地人用水碓给运河船上卸下来的稻谷脱壳，赚几个钱。时间一长，原来的地名就被水碓子代替了。

魏晋南北朝时期，对自然力的利用已经相当普遍。其中水碓、水碾子和水磨是最早出现的水力应用装置。而魏晋时期的新型帆船和南北朝时期的风帆车，则是对风力利用的技术成果。

《 水碾子与水磨 》

在老电影中经常能看到人推旱磨或驴拉旱碾子的镜头，这种旱磨和旱碾子早在战国时期就出现了，主要用于磨面。旱磨和旱碾子使用起来非常费力。

利用旱磨磨面是中国古代妇女沉重的家务劳动之一。在许多没有水力可以利用的地方，这种沉重的劳动一直延续到20世纪60年代，之后才被电磨所取代。

魏晋南北朝时期最重要的发明之一就是水碾子和水磨。最早的水磨是祖冲之参照当时普遍使用的水碓制造的，所以也称它为"水碓磨"。

祖冲之曾经在乐游苑成功地建成水碓磨，齐武帝还视察过呢！这是南北朝时期关于水碓磨的最早记载。南北朝时期的水碾子和水磨都是在水碓的基础上制成的。

《 帆船的改进 》

早在西汉，江河上就已经出现了利用风力航行的帆船，到了魏晋南北朝时期，船帆技术又有了重大进步，出现了多幅的斜立式风帆和不对称风帆。

《太平御览》引用三国时东吴万震的《南州异物志》的记载，三国时东吴的船帆已经非常巧妙，每条船上都装有多幅新式的船帆，这些船帆都是斜立式不对称的，可以更好地利用风力航行。

魏以前的帆船，只能在顺风时借助风力航行。魏晋时期斜立式不对称风帆得以发明，驾驶帆船的水手可以根据风力大小调节风帆，即使在斜风和侧风中仍然可以让船只借助风力航行。

魏晋南北朝时期，船舶的体积已经相当庞大，船帆的幅度也变得很大。据西晋《风土记》中的记载："帆，从风之幔也，施于船前，各随大小为别，大者用布一百二十幅，高九丈。"由此可见，西晋时的船帆已经非常大，利用风力推动船舶航行也十分普遍了。

中国古代帆船模型

《 风帆车的发明 》

受帆船的启发，在南北朝时期还出现了奇妙的风帆车。

关于风帆车的最早记载出现在南朝梁。梁元帝萧绎撰写过一部《金楼子》，其中就有关于风帆车的记载。书中说："高苍梧叔能为风车，可载三十人，日行数百里。"

这位高苍梧叔是什么人，已经无从查考了。我们只知道他制作的这辆"风车"，是一辆用风作动力自动行走的帆车。

当时，犯了欺君之罪是要杀头的，因此，梁元帝萧绎所说的这辆"日行数百里"的风帆车不会是虚构的。可能因为没有高级公路供这辆风帆车行驶，所以这辆奇妙的风帆车才没能流传下来。

1600年，荷兰的西蒙·斯蒂芬也像高苍梧叔一样制造出一辆"双桅帆车"，这辆车在海边做试验时最高时速可达每小时24千米。此时，距南朝梁高苍梧叔制作风帆车已经过去1000多年了。

发达的冶金技术

魏晋南北朝时期，中国的生铁产量已经居世界第一，这种状况一直持续到宋元时期。当时的钢铁冶炼技术和热处理技术也非常先进，在相当长的时期内都处于世界领先地位。

古今中外，无论是打仗还是发展生产，都离不开钢铁。由于战争和生产的双重需要，魏晋时期，冶铁技术已相当发达。到了南北朝时期，无论南方还是北方，生铁产量都有了大幅度的提高。

巨大的生铁产量

东晋时，晋室南渡，许多先进的应用技术随着科技人才的南迁也传到了江南，从而带动了江南的经济发展，生铁产量也随之提高。东晋之后，南朝的生铁产量更是有了大幅度的提高。

南朝梁初年，梁军攻打寿阳（今安徽寿县）时，打算筑堤堰引淮河水淹寿阳城。由于淮河水势太大，堤堰合龙困难，梁军便在东、西两岸大规模冶炼生铁，然后把大量的铁块沉入水中填塞河堰。

据《梁书·康绚传》记载，当时梁军用铁"数千万斤，沉于堰所"。如果梁朝当时生铁产量不高，是舍不得用数千万斤生铁填塞河堰的。

由于南北对峙，战争频繁，北方的生铁产量也相当高，已经开始使用煤炭冶铁了。

据郦道元《水经注》记载："屈茨（即古龟兹）二百里有山，夜则火光，昼日但烟，人取此山石炭，冶此山铁，恒充三十六国用。故郭义

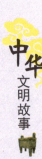

恭《广志》云：龟兹能铸冶。"

郦道元所说的"石炭"，就是今天广泛使用的煤炭。郦道元的这段话说明，位于今新疆的古龟兹早在魏晋时期就已经是西北地区最大的生铁产地，并开始使用煤炭炼铁了。

煤的发热量远远高于木炭，西北铁矿资源也远比南方丰富。因此，使用煤炭冶铁具有重要的意义。可惜，当时用煤炭冶铁的范围比较小，中原地区还没有普及。

《 百炼钢制作工艺 》

魏晋南北朝时期，由于战乱频繁，战场上需要大量锋利的刀、剑，于是就出现了当时世界上最先进的百炼钢制作技术。

所谓百炼钢，就是对铁进行千锤百炼，锻造成硬度很强的花纹钢。用这种百炼钢制成的刀剑非常锋利，杀伤力很大。

据《古今刀剑录》记载："蜀主刘备令蒲元造刀五万口，皆连环及刃，列七十二炼……"可见，最迟在三国时百炼钢技术已经相当成熟了。

到了两晋十六国时期，百炼钢技术已经风靡大江南北和黄河两岸。《晋书》记载：赫连勃勃曾命工匠"造百炼钢刀，为龙雀大环，号曰大夏龙雀"。大夏龙雀大环刀非常锋利，刀上的背铭是："古之利器，吴楚湛卢，大夏龙雀，名冠神都。"确实霸气十足。

由于用百炼钢制成的刀剑既锋利又坚韧，才有了刘琨在《重赠卢谌》中的千古名句："何意百炼钢？化为绕指柔。"

《 先进的热处理技术 》

早在魏晋时期，我们的祖先就已经掌握了热处理工艺——刀剑淬火技术。

三国时发生过这样一件事：

蜀国的蒲元受诸葛亮的委派，在斜谷为大军制造三千口刀。蒲元认为汉水钝弱，远不如蜀水爽烈，所以不能用于刀剑的淬火，只好派人回成都去取水。

有一个人最先从成都取水回到斜谷，蒲元用他取回来的水淬火时却发现有些不对头，就对那个取水人说："你取的水掺和了涪（fú）江的水，所以不能用。"

取水人不承认，蒲元就用刀划着水对那个人说："你确实掺入了一升涪江的水，为什么不承认呢？"

取水人只好叩头服罪，说出了缘由："我在过涪江时摔倒了，把水弄洒了，就掺了一升涪江的水。"当时在场的人都十分惊叹，认为蒲元太神奇了。

尽管这件事有些夸张，但是其中的原理与现代热处理技术是完全相符的。蜀水矿物质含量较高，属于硬水；而汉水矿物质含量低，属于软水。由于这两种水矿物质的含量差别很大，因此对刀剑淬火的影响也不同。

蒲元识水的故事，是世界上关于淬火剂选择的最早记载。

精湛的丝织工艺

魏晋南北朝时期，随着江南的开发和中原文化向西北的传播，古老的桑蚕养殖技术飞速发展，丝织业的工艺水平和生产规模远远超过了两汉。

《 纺车的改进 》

魏晋南北朝时期的纺织技术与两汉相比有了很大的提高，第一项重大成果就是对纺车的改进。

两汉时期，人们用手摇缫（sāo）车和手摇纺车纺丝。东汉末年，虽然出现了脚踏纺车，但从各地出土的汉画像石可以知道，当时的纺车都是单锭纺车，生产效率很低。

魏晋南北朝时期，出现了先进的三锭式脚踏纺车。

手摇纺车

在著名画家顾恺之为刘向《列女传》所配的插图中可以看到，妇女们所使用的纺车已经是三锭式的脚踏纺车了。这种新型纺车的推广和应用大大提高了纺丝能力。

三锭式脚踏纺车是谁发明的，已经无从考证了，但纺车的改进却是千真万确的。顾恺之的原图虽没能保存下来，但顾恺之作品的摹本却随着《列女传》完整地保存了下来。

《 织机的改进 》

虽然纺车的改进者已经无从查考了，但织机的改进者却赫赫有名，这个人就是魏国的机械大师马钧。

马钧发现当时的多综蹑花绫机的结构太复杂，每组经线用一个综片

古代织机

控制，每个综片又用一根踏杆操作。这样一来，织机上的60组经线，就得用60个综片控制，还要用60根踏杆进行操作，实在太麻烦了。

经过反复观察，马钧认识到，尽管每组经线必须由一个综片控制，但每根踏杆完全可以对多个综片进行操作。

于是，马钧对织机进行了一次非常巧妙的改进，用12根踏杆控制原来的60个综片。这样，不仅简化了织机的结构和操作程序，也大大提高了织布机的工作效率。

魏晋南北朝时期，由于纺车和织机有了重大改进，纺织工艺也得到了迅速提升，从而带动了整个丝织业的飞速发展。

《 工艺的提高 》

由于纺织机械的改进和纺织技艺的飞速发展，魏晋南北朝时期的丝织工艺远远超过了两汉。当时，不仅南方的丝织业取得了前所未有的成

中华
文明故事

就，北方的丝织业也出现了一派繁荣景象。

东晋陆翙（huì）在《邺中记》中详细地记载了后赵皇帝石虎的织锦署的生产状况。

陆翙在书中罗列了北方丝绸生产的花色品种，有"大登高、小登高、大明光、小明光、大博山、小博山……葡萄文锦、斑文锦、凤凰锦、朱雀锦……工巧百数，不可尽名也"。

南北朝时期，由于西域文化东进，丝织物的构图也渗入了不同民族的生活气息。除了中原常见的图案外，还增加了许多西域动植物的生动图案。中原地区少见的翼马、大象、骆驼、葡萄等动植物，都成了丝织品上的图案，极大地丰富了中原地区传统丝织品的构图内容。

【 广泛的传播 】

魏晋以前，官方对桑蚕业采取了保密措施，因此，对西方人来说，中国的丝织品生产一直是一个谜。

魏晋南北朝时期，养蚕和丝织技术开始传播到西方。东罗马帝国的皇帝非常喜欢中国丝绸，在550年花重金聘请了两位曾经到过中国的波斯僧侣，把蚕卵藏在竹杖中带回了罗马。从此，西方才有了丝织业。

魏晋时期，南北方政权都与日本、朝鲜有着频繁的经济和文化交流，朝鲜、日本最先从中国学会了养殖桑蚕和纺丝织锦。

在魏晋南北朝结束、隋唐盛世开始的时候，丝织工艺已经发展成为盛唐时期繁荣昌盛的重要标志，中国丝绸也随着大唐盛世的出现开始风靡全世界。

民族融合大发展
艺术瑰宝惊世界
天文历法创奇迹
数学神算镶辉煌
地理科学
生物奇...
巧夺天工
诗词歌赋有渊源
炼丹神...
人间百善孝为先

炼丹 神术传世界

中国古代炼丹术的鼎盛时期也是魏晋南北朝。炼丹术不仅是道家追求长生不老的仙术，而且还是现代化学科学的源头。为此，英国著名科学史家李约瑟有过一个重要的结论："整个化学最重要的根源之一就是地地道道从中国传出去的。"

中国古代的炼丹术传到西方变成了炼金术，这可能和东西方人的信仰不同有关。

东方的道家怕死，追求的是"长生不老"，所以注重炼丹，点石成金是副产品。西方的商人迷财，追求的是"黄金万两"，所以注重炼金，长生不老是副产品。其实，他们干的是同样的事情。

那么，中国古代的炼丹术是什么时候出现的呢？那还得从秦皇汉武说起。

炼丹术的起源

据《史记·秦始皇本纪》记载，因为秦始皇想长生不老，"齐人徐市等上书，言海中有三神山，名曰蓬莱、方丈、瀛洲，仙人居之。"于是遣徐市带童男童女数千人，乘船入海求仙。

《 秦皇汉武的梦想 》

在我国，炼丹术出现的时间比天文学、数学、地理学、生物学都要晚，所有的先秦典籍中都没有关于炼丹术的记载。

尽管道教的信徒把老子奉为始祖，但是在老子的《道德经》五千言中却没有半个字提到过炼丹术。

东晋著名炼丹术家葛洪在《抱朴子内篇》中明确指出："五千文虽出老子……但暗诵此经，而不得要道，直为徒劳尔。"也就是说，老子的《道德经》五千言和炼丹术没有任何关系。

那么，炼丹术既然不是老子发明的，又是谁发明的呢？其实，中国古人追求长生不老是从千古一帝秦始皇开始的。

因为这位千古一帝想永远活着当皇帝，于是，就在公元前219年派术士徐福带领数千童男和童女乘船入海去寻找"长生不老药"。

徐福没找到"长生不老药"，也不敢回中国，就在日本列岛上了岸，留在那里了。司马迁《史记》中的"徐市"就是徐福，日本人至今仍把徐福奉为"农耕神"和"医药神"。日本的九州、秋田、广岛和富士山等地，都有徐福活动的遗迹，这也是秦始皇寻找"长生不老药"的直接证据。

继秦始皇之后，醉心于长生不老的是汉武帝。汉武帝也派方士入海寻找"长生不老药"，还亲自尝试把"丹砂化为黄金"呢！

古代的丹砂就是水银。将丹砂等药物放于炉火中烧炼，以制成"长生不老"的丹药（即"金丹"）。由于追求长生不老是违反自然规律的荒唐事，因此秦始皇和汉武帝都没能做得到。有趣的是，"长生不老药"虽然没有找到，却为现代化学科学的发展积累了知识。

魏晋南北朝是炼丹术发展的高峰期，中国历史上有三位著名的炼丹术家——魏伯阳、葛洪和陶弘景。其中，葛洪和陶弘景就是魏晋南北朝时期的人。

《炼丹术的奥秘》

炼丹术在东汉时有了重大发展，出现了一部古代最早的炼丹术专著——《周易参同契》。

这部书是东汉著名炼丹术家魏伯阳所著，全书6000多字，对东汉道教的炼丹理论和方法做了系统的论述。

魏伯阳，会稽上虞（今浙江绍兴）人，自号云牙子，隐居浙江凤鸣山，潜心修道、炼丹。《周易参同契》就是他撰写的炼丹专著。

这部《周易参同契》非常难懂，原因是炼丹术家处于两难之地：他想通过著书立说为后人留下自己炼丹的心得、方法和经验，可是又怕别人看懂了，泄漏了炼丹的秘密。所以，这部书是用隐语写成的。

在《周易参同契》中有一段对炼丹过程的描述，共24个字，简直就像一个美丽的神话故事。

书中说："河上姹（chà）女，灵而最神，得火则飞，不见尘埃，将欲制之，黄芽为根。"从字面上看，这段话的意思是，河上有一个年轻的女子，灵而又神，遇到火就飞走了，连尘埃都不会留下。要想制服她，就得使用黄芽作根。

表面上，这似乎是个神话故事，其实根本不是那么回事。

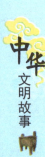

"河上姹女,灵而最神",说的是炼丹用的丹砂,也就是水银。"得火则飞,不见尘埃",说的是水银加热以后就会变成水银蒸气,消失在空中,再也看不见了。

"将欲制之,黄芽为根",说的是在对水银加热的时候,如果放入硫黄,就可以防止水银在空中蒸发了。"黄芽"就是硫黄,这句话叙述了炼丹术士常用的"硫黄伏汞法",并不是什么神话故事。

到了魏晋南北朝,炼丹术家们的两难状态结束了,出现了不再使用隐语的炼丹专著。

《玄学家的幻想》

为什么魏晋南北朝时期,炼丹术会得到迅速的发展呢?主要原因有二。

第一个原因是玄学的影响。

魏晋玄学名士们推崇"三玄"——《老子》《庄子》和《周易》。《老子》和《庄子》中修身、养生的观念,《周易》中的神秘主义思想,都深刻地影响着他们的思想观念,导致玄学名士们对"长生"的渴求。何晏、嵇康等人服用五石散,就与炼丹术有着重要关系。

名士们服用了五石散之后身上会发热,必须到室外走一走,当时称为"行散"。

后来,行散就演变成了人们常说的"散步"。"散步"的这个"散"字,其实就来自服用五石散后的"行散"。

第二个原因是科学技术的进步。

魏晋南北朝时期,中医药学发展很快,人们发现了灵芝、茯苓等菌类的养生价值,因此更加注重对"长生不老药"的追求。

更重要的是,冶金技术的进步,让人们发现了物质之间的相互变

玄学名士们服用五石散

化。这种转化为炼丹术的发展提供了重要依据。炼丹术家认为，既然不同的物质可以相互转化，那么普通的金属就应该能变成黄金。既然黄金是不朽的，那么，人吃了炼出来的金丹，也应该能够变成"不朽"的——能长生不老。

正是在这样的背景下，炼丹术得到了飞速发展。最终，在道教中出现了"金丹一道，是修行之本"的重要理念。

炼丹术对现代化学的贡献

炼丹大师葛洪

在中国古代炼丹术的发展过程中，贡献最大的是葛洪。

葛洪（约281年—341年），字稚川，自号抱朴子，丹阳句容（今江苏句容）人。葛洪幼年丧父，家境清贫，但他十分好学，只能靠砍柴来买纸和笔。他白天劳动，夜晚读书，非常勤奋。

葛洪长大后，四处游学。他经常不远千里、长途跋涉，寻访当时的知名学者。功夫不负有心人，经过艰苦的努力，葛洪成为一位熟读经

中华文明故事

史、医术高明的著名学者。

葛洪最大的爱好就是炼丹。他是东晋著名的炼丹术家，也是中国古代最重要的炼丹术家。

葛洪炼丹的技艺是祖传的，他的叔祖葛玄，就是一位著名的炼丹术士。

葛洪年轻时拜葛玄的弟子郑隐为师，学习道家的经典和炼丹术。东晋末年，葛洪到南方避乱，做过广州刺史嵇含的参军。嵇含就是竹

葛洪

林名士嵇康的侄孙，著有《南方草木状》。

在广州期间，葛洪又拜南海太守鲍靓为师，向他学习炼丹术和医学。鲍靓精于炼丹术，医术也很高明。鲍靓很器重葛洪，不仅把炼丹术和中医学知识都传授给了他，还将自己的女儿鲍姑嫁给了他。

葛洪隐居在罗浮山上，潜心研究炼丹术和中医药学，他的《抱朴子内篇》《抱朴子外篇》和《神仙传》都是在这个时候完成的。现在，罗浮山上还保存着葛洪当年炼丹的遗迹呢。

东晋朝廷知道葛洪很有学问，多次聘他出山做官，都被他拒绝了。

《 炼丹术与炼金术 》

古代的炼丹术家除了想"长生不老"，和西方的炼金术士一样，也

想用炼丹的方法把普通的金属或矿物变成黄金，这就是传说中的点石成金。

在葛洪的《抱朴子内篇》中，炼丹和炼金是一回事。他认为，用炼丹术炼制出来的"黄金"远胜过自然生成的黄金，只有服用这种炼制出来的"金丹"，人才能达到真正的"长生不老"。

葛洪在《抱朴子内篇·黄金》中详细地记述了炼金的方法，选取深红色的武都雄黄捣成粉，与牛的胆汁、戎盐和石胆末混合在一起，放在釜中像炼铜那样加热冶炼。其实，这就是现代化学中的氧化还原反应，可以生成铜砷合金。然后，在釜中加入丹砂水，让铜砷合金与丹砂水再次相互作用。最后再次捣碎，加入生丹砂和水银，就可以制成黄金了。

其实，用这种方法炼出来的不是黄金，只是一种金黄色的铜砷合金，根本不能服用，服用后还想长生不老就更谈不上了。用这种炼金方法虽然炼不出黄金，却能制成金黄色的铜砷合金，而这正是中国古代炼丹术家对化学科学的第一个重要贡献。

《 炼丹术与铅 》

铅和汞在炼丹中的地位非常重要，炼丹在古代也称为"烧铅炼汞"。铅就是我们常见的金属铅，汞就是水银。葛洪在《抱朴子内篇·黄白》中，还详细地记述了铅和水银的各种化学变化。

葛洪是最早把金属铅制成"胡粉"的炼丹术士。葛洪发现，炼丹时使用的黄丹和胡粉都可以通过人工方法来制取。

葛洪在《抱朴子内篇·黄白》中对铅的化学反应做了详细描述。他说铅原本是白色的，经过加热就化成了白色的胡粉，再经过炼制就化成了赤色的黄丹。对黄丹再进行炼制，去掉白色，便又还原成了铅。

这是魏晋时期炼丹术家对金属铅的氧化还原反应做出的最精确描

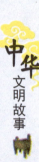

述，也是中国古代炼丹术家对现代化学科学做出的第二个重要贡献。

《 炼丹术与水银 》

水银是中国古代炼丹术士最常用的矿物质。

今天，水银在日常生活中的应用很普遍，医生给病人量体温时使用的体温计中装的就是水银，我们每天照的玻璃镜子背后刷的反光物质也是水银。

纯水银是液体，水银的化合物是固体——硫化汞。硫化汞有两种：一种是自然生成的，一种是人工炼制的。自然生成的红色硫化汞，就是中医药中经常使用的朱砂。朱砂虽然有毒性，但却是中药中最好的安神良药，只是不能多吃，也不能久服。

最早用精准的语言对汞——水银的化学变化做出明确说明的是葛洪。他在《抱朴子内篇·金丹》中详细地记述了丹砂加热变为水银，水银与硫黄化合再返还成丹砂的双向化学变化过程。这种先分解，然后再次化合的丹砂非常纯净，被炼丹术士们称为"还丹"。

魏晋时期，朱砂在中医配药时已经广泛使用，玄学名士们服用的五石散中就有朱砂。朱砂是水银和硫黄的化合物，也是炼丹的原材料。

葛洪说：凡是草木，用火一烧就没有了，而丹砂却能烧成水银。水银中如果加入硫黄，再经过烧制，还可以还原成丹砂。葛洪认为丹砂是不会消失

朱砂

的，所以服用丹砂能让人长生。

葛洪所说的"丹砂"就是朱砂，葛洪所说的"丹砂烧之成水银"，就是对红色的硫化汞——丹砂加热，变成水银的化学变化过程。而水银"还原成丹砂"就是重新把水银、硫黄放在一起加热，还原成红色的硫化汞——丹砂的化学过程。

水银"还原成丹砂"的过程，就是现代化学科学中的氧化还原反应，这就是中国古代炼丹术家对化学科学做出的第三个重要贡献。

炼丹术的发展和西进

《 炼丹术与鎏金 》

金液是中国古代炼丹术中非常重要的术语。

葛洪在《抱朴子内篇·金丹》的开头，就说明了金液在炼丹术中的重要作用："余考览养性之书，莫不皆以还丹、金液为大要者焉。"

葛洪在《抱朴子内篇·神仙》中还详细记述了金液的制作方法：先把黄金锻打成像绢一样的薄片，然后用剪刀剪成像韭菜叶那样的小细条，最后把它们放到水银中，黄金就在水银中化成了金泥，这就是金液。

金液不仅是炼丹术的重要组成部分，还与金属表面的鎏金工艺有着重要关系。佛教寺庙大殿上的鎏金大佛，都是用金液镀成的。

南朝齐、梁时著名炼丹术家、医药学家陶弘景，在整理《神农本草经》时明确说过："水银能消化金银使成泥，人以镀物是也。"可见，南北朝时人们已经用水银把黄金化成金液，广泛用于鎏金工艺中了。

考古研究表明，南北朝时期的墓葬中确实有大量的鎏金器物。20世纪80年代，在山西寿阳的一座北齐墓葬中就出土了60多件鎏金铜器。这

鎏金佛像

些鎏金铜器精美绝伦、工艺精湛，充分说明当时的鎏金工艺已经相当成熟。

《草木对比黄金》

葛洪是东晋著名的医药学家，他的医学著作《肘后备急方》非常有名，但他更醉心于炼丹术。葛洪认为草药的作用是有限的，只有服用金丹才能使人长生不老。

葛洪在《抱朴子内篇》中对中草药和气功养生都进行了贬损。他认为，虽然服用中草药和练习"导引之术"——气功，都能够延长人的寿命，可仍然难免一死，只有服用金丹才能使人长生不老。

按照葛洪的观点，草木制成的药，埋在土中会腐败，放在锅里会煮烂，用火烧会变焦，所以服用中药不可能使人长生。而黄金是不朽的，因为真金不怕火炼，人只有服用金丹才能借助黄金的不朽之力，实现长生不老。

尽管炼丹术本身是极为荒唐的，但是葛洪却从炼丹的实际操作中悟出了天地万物的自然规律——变化。葛洪在《抱朴子内篇·黄白》中提出了一个重要的哲学观念，变化是天地之间最自然的事情。这是一个重要的哲学观念。

《 炼丹术与养生 》

炼丹术的发展与中医药学有着密切的关系。魏晋以前，中医药学促进了炼丹术的发展。魏晋以后，炼丹术的发展反过来又对中医养生理论产生了重要影响。

葛洪、陶弘景等炼丹术家虽然认为只有金丹才能让人长生不老，但是，他们并不否定中草药对人体的重要作用。葛洪在《抱朴子内篇·仙药》中就强调："上药令人身安命延，中药养性，下药除病。"

葛洪在《抱朴子内篇·仙药》中对茯苓的养生价值论述得很详尽。他提出"茯苓可以生长三千年，服用长成龙形的茯苓能活五百岁"。这虽然有些夸张，但是现代医药科学和食品研究表明，茯苓确实具有非常重要的营养价值和药用价值。以茯苓为原料生产的茯苓饼，早在明清两代就是宫廷中的营养佳品。直到现在，茯苓饼仍然是北京人喜爱的传统风味食品。

葛洪在《抱朴子内篇·仙药》中对灵芝的养生和药用价值进行了夸张性的描述。按照葛洪的说法，那些形状"像宫室、像车马、像龙虎、像人形、像飞鸟的灵芝"都是仙药，人吃了可以"升仙"。

葛洪把灵芝说成仙药虽是夸大其词，但是科学研究表明，灵芝中确实含有多种多糖、氨基酸和对人体有益的微量元素，不仅能延缓衰老，还能增强人体免疫力。

尽管葛洪、陶弘景想通过炼丹术达到"长生不老"只是个幻想，但是从炼丹术中派生出来的药物养生观念，却为现代养生医学奠定了重要基础。

《 炼丹术的"西进" 》

科学史家们还发现了一个非常有趣的事实，阿拉伯语中"炼金术"

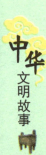

中华
文明故事

这个词的发音和泉州人说"金液"时的发音完全相同。

这难道是巧合吗？当然不是。

原来，西方的炼金术并不是直接从中国传过去的，而是通过阿拉伯"进口"的，而阿拉伯的炼金术则直接来自中国古代的炼丹术。

科学史研究表明，阿拉伯的炼金术与中国古代的炼丹术之间存在着许多相似的地方，阿拉伯炼金术的操作方法和使用的许多术语，明显都是从中国"进口"的。

阿拉伯炼金术士在炼金时所使用的矿物质，也与中国的炼丹术完全相同。例如，中国古代的炼丹术家早在南北朝时期就已经广泛使用硝石了；阿拉伯人则在8世纪以后，通过从中国传入的炼丹术才知道硝石在炼丹时的重要功用。

古代阿拉伯的炼金术士把硝石叫作"中国雪"，而古代波斯的炼金术士则把硝石叫作"中国盐"。古代阿拉伯的炼金术士经常使用的金属有七种，其中专门列出了"中国金属"和"中国铜"。

从这些名称可以判断，阿拉伯的炼金术是从中国"进口"的，时间在8世纪前后。

科学史研究表明，中国古代的炼丹术很可能是从海上丝绸之路的起点——泉州，经过茫茫大海传到阿拉伯的，然后，又从阿拉伯传入欧洲。

因此，英国著名科学史家李约瑟博士在《中国科学技术史》中得出了重要结论："整个化学最重要的根源之一就是地地道道从中国传出去的。"

诗词

歌赋有渊源

当北方大地上的石雕造像艺术达到顶峰的时候，在美丽的江南，山水吟唱也取代了汉魏枯燥的玄言诗，掀开了东晋南朝文学全新的历史篇章。

东晋南朝诗坛上有三位著名诗人，第一位是隐居乡间的陶渊明，第二位是寄情山水人称"大谢"的谢灵运，第三位就是人称"小谢"的谢玄晖。

陶渊明和"大谢""小谢"所处的时代，玄学兴起，佛教广泛传播，人们的价值观念受两汉经学的影响越来越少，文人名士对大自然的崇尚达到了前所未有的高度。

盛唐是以诗为魂的，可是如果没有傲岸潇洒的魏晋风骨，没有优雅清丽的南朝诗风，哪里能有流芳千古的"诗仙"和"诗圣"呢？

"采菊东篱"的陶渊明

陶渊明的田园诗和山水诗典雅、清新，深为后人推崇。唐代著名诗人李白、杜甫、白居易对陶渊明都十分敬佩，李白的名句"何日到彭泽，狂歌陶令前"，充分表达了对陶渊明的景仰之情。

"采菊东篱下，悠然见南山"是陶渊明的千古名句。在中国几千年的历史长河中出现过许多隐士，但是没有一位像陶渊明这样对后世产生了如此巨大的影响，也没有一位像陶渊明那样与菊花结下了不解之缘。

《 生不逢时 》

陶渊明（365年？—427年），一名潜，字元亮，浔阳柴桑（今江西九江）人，东晋诗人。

陶渊明出生时，家境已经衰落。他29岁步入官场，本想有所作为，可此时的东晋朝廷政治黑暗，陈郡谢氏已受排挤，退出政坛。性格耿直的陶渊明无法忍受官场中的尔虞我诈，只当了几年江州祭酒，便辞职归隐田园了。

陶渊明33岁那年，为解决温饱问题，再次出山，做了东晋大将军桓玄的幕僚，但是很快又辞职回乡。

在当时的社会条件下，一个小职员辞职后回乡务农，生活贫困程度可想而知。

在陶渊明的诗中，有一首《乞食》写的就是他辞职后的窘迫生活。当时陶渊明已经沦落到食不果腹、生活难以为继的地步，只好厚着脸皮到朋友家里去借贷："饥来驱我去，不知竟何之！行行至斯里，叩门拙言辞。主人解余意，遗赠岂虚来。"

可以想到，陶渊明由于饥饿来到朋友家里，那种叩开了朋友的家门却不知说什么好的窘迫状况，一定十分尴尬。主人深知他的来意，赶快置办酒饭招待他。

陶渊明把自己蹭饭的尴尬、朋友待客的深情，都生动形象地展现在读者眼前。没有挨过饿的人永远写不出这样的诗句。

《 远离官场 》

由于生活太艰难了，有时连饭也吃不饱，陶渊明在40岁那年，最后一次出仕做官，担任了东晋彭泽县的县令。

可官场的那一套儿，比挨饿更让人难以忍受。所以，陶渊明这个彭泽令只当了八十天就辞职回家了。

从此，陶渊明宁愿挨饿，也不愿意"为五斗米折腰"了。

傲岸一生、藐视权贵的唐代大诗人李白对陶渊明十分敬佩。"何日到彭泽，狂歌陶令前"，正是李白对陶渊明发自内心的赞叹。

而李白"安能摧眉折腰事权贵，使我不得开心颜"的狂放诗句，也直接来自陶渊明"不为五斗米折腰"的狂放情怀。

《 醉咏南山 》

陶渊明是东晋南朝时第一位田园诗人。他的田园诗意境非常美，在东晋南朝诗人中是首屈一指的，每首诗都仿佛一幅清丽的田园山水画。陶渊明和李白一样，也是诗酒相连的。他的《饮酒》二十首写得非常有意境，最著名的就是那篇《饮酒·结庐在人境》。

结庐在人境，而无车马喧。问君何能尔？心远地自偏。采菊东篱下，悠然见南山。山气日夕佳，飞鸟相与还。此中有真

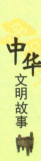

意，欲辩已忘言。

在前两句，陶渊明首先道出了自己辞官归隐、清白独处的高洁行为。

后面两句，陶渊明以清丽的笔调描绘了隐居乡间的悠闲自在和美丽的自然景色。在这首诗中，美丽的菊花、悠远的南山、黄昏的落日、归巢的飞鸟相映成趣，为我们描绘了一幅清丽、优雅的田园山水画卷。

《 隐居田园 》

在陶渊明以前，除了《诗经》，田园诗的数量很少，在文坛上也没有什么地位。从陶渊明开始，田园诗才真正登上了大雅之堂。

在陶渊明的诗作中，经常为人们称道的就是那五首《归园田居》和那二十首《饮酒》诗。陶渊明的《归园田居·其一》是他辞去彭泽令、返回乡间有感而作的。

诗的开头表达了陶渊明摆脱官场生涯、重返大自然的愉悦心情："少无适俗韵，性本爱丘山。误落尘网中，一去三十年。"

他明确表示，自己生来就喜爱大自然，只是因为"误入尘网"，才在官场上混了那么多年，充分展示了陶渊明清高自许、傲视俗流的一身傲骨。

接着，他发自内心地感叹："羁鸟恋旧林，池鱼思故渊。"以笼中小鸟留恋山林、池中游鱼思念江湖，表达了自己辞官返乡的迫切心情。

最后，陶渊明为我们描绘了一幅美丽、恬静的水墨画卷："方宅十余亩，草屋八九间。榆柳荫后檐，桃李罗堂前。暧暧远人村，依依墟里烟。狗吠深巷中，鸡鸣桑树颠。"

十多亩的大庭院，八九间草房，房前桃李娇艳，屋后榆柳成荫。远处的小山村依稀可见，缕缕炊烟随风飘散，巷子深处偶尔传来几声犬吠声，桑树间不时响起清脆的鸡鸣。这不正是一幅美丽的田园风景画吗？

《 情寄桃花源 》

在陶渊明的散文作品中，著名的是《桃花源记》。作品讲了一个美丽的故事：东晋太元年间，武陵有个渔夫，驾着小渔船沿着小溪前行，误入一个小山口，来到一个从来没有人到过的深山里。

这里有整齐的良田和房舍，有美丽的池塘和桑竹。田间小路四通八达，鸡鸣狗吠之声此起彼伏。人们都在田间幸福地劳动，过着怡然自乐的美好生活。他们见到渔夫十分惊奇。

村里的人听说有外人到来，都来问讯。他们说，自己的祖先为了躲避秦时的战乱，领着妻子和邻居来到这里，再没有出去过，所以就与世隔绝了。

桃花源中的人们连汉朝都不知道，更不用说曹魏和晋朝了。大家把渔夫请到家中，用美酒、美食招待他。临别的时候，人们还叮嘱渔夫："不要把这里的事情说给外人听。"

渔夫回到家中，就把自己碰到的事情报告了郡守，但是，当郡守派人随着渔夫前去寻找时，却再也找不到原来的路了。

其实，这篇著名的《桃花源记》只不过是陶渊明所作的《桃花源诗》的一个短短的序言罢了。《桃花源诗》是陶渊明抒发自己内心真实感受、歌颂桃花源中美好生活的诗歌。

《桃花源诗》

陶渊明的《桃花源诗》是这样开头的："嬴（yíng）氏乱天纪，贤者避其世。黄绮之商山……相命肆农耕，日入从所憩。"诗的大意是，先秦时期，人们为躲避战乱来到了远离尘世的深山中。他们掩藏了来时的

踪迹，荒废了通往外界的路径，在这里过着与世隔绝的生活。

接着，陶渊明以清丽的诗句描绘了山中优美的自然景色："桑竹垂余荫，菽稷随时艺。春蚕收长丝，秋熟靡王税。荒路暖交通，鸡犬互鸣吠。"

这里有茂盛的竹林和桑树，人们按农时播种。春天收获春蚕的长丝，秋天收获成熟的粮米，永远也不交纳赋税。荒草和树木遮蔽了小径，鸡鸣犬吠之声遥相呼应。

陶渊明不仅为我们留下了优雅、清丽的诗句，留下了人间仙境——"桃花源"，更为古代诗坛掀开了新的篇章。

寄情山水谢灵运

李白在《梦游天姥吟留别》中，用优美的诗句表达了对谢灵运的景仰之情："我欲因之梦吴越，一夜飞度镜湖月。湖月照我影，送我至剡（shàn）溪。谢公宿处今尚在，渌（lù）水荡漾清猿啼。脚著谢公屐，身登青云梯。"

继陶渊明之后，在南朝诗坛上享有盛名的诗人就是"大谢"——谢灵运和"小谢"——谢玄晖了。

谢灵运（385年—433年），南朝宋诗人，陈郡谢氏的后人，他的祖父就是淝水大战中率八万精兵击败苻坚百万大军的谢玄。

谢玄因军功被封为康乐县公，后来这个爵位就由他的孙子谢灵运世袭了。因此，后人也称谢灵运为谢康乐。东晋灭亡后，宋武帝刘裕把谢灵运的公爵降成侯爵，而谢灵运大部分时间过着半官半民的悠闲生活。

【 仕途坎坷 】

宋文帝即位后，曾经请谢灵运主持修撰《晋书》。可谢灵运觉得自己不被重用，于是称病在家，或凿池种竹，或出外远游，后来干脆请长假不再上朝，结果被免除了职务。

谢灵运被免官后就在家乡会稽过着悠闲自在的田园生活，每天与名士结伴游山玩水、饮酒赋诗。

会稽太守孟顗（yǐ）向朝廷上书，诬陷谢灵运谋反，谢灵运只好亲自赴京辩解。宋文帝知道谢灵运是被人诬告，没有降罪于他，反倒任命他为临川内史。

谢灵运在临川仍然很放纵，再次遭到弹劾。朝廷派随州从事郑望生前去捉拿他，谢灵运反而将郑望生捉住，真的起兵了。谢灵运不过一介书生，手中没有多大的军事实力，胸中也没有祖父谢玄的军事才能，最终兵败被杀。

【 寄情山水 】

谢灵运生长在山清水秀的江南，仕途失意，只好寄情于山水，陶醉在大自然的美景之中。谢灵运对自然美景有着超人的感受力，因此，他的山水诗写得非常生动。

谢灵运的诗流传下来的相当多，其中《过白岸亭》写得尤为出色。这首诗是谢灵运被贬为永嘉太守，沿着美丽的楠溪江乘船赴任时写的。

全诗如下：

拂衣遵沙垣，缓步入蓬屋。近涧涓密石，远山映疏木。空翠难强名，渔钓易为曲。援萝聆青崖，春心自相属。交交止栩黄，呦（yōu）呦食苹鹿。伤彼人百哀，嘉尔承筐乐。荣悴迭去来，穷通成休戚。未若长疏散，万事恒抱朴。

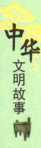

诗的意境非常美，远山上稀疏的林木、水旁密布的岩石、快乐的渔夫、曼妙的藤萝，组成了一幅美丽的图画，让人有身临其境之感。

在"近涧涓密石，远山映疏木"中，以"近涧"对"远山"，以"密石"对"疏木"，对仗极为工巧。后面紧接着是"交交止栩黄，呦呦食苹鹿"，又以"交交"对"呦呦"，以"止栩黄"对"食苹鹿"，更是精妙绝伦。

从这首诗可以看出，谢灵运的诗确实是唐代山水诗的源头。以往，人们总认为工整的对仗是唐诗的特色，其实在谢灵运的诗中已经相当出色了。

在诗的最后，面对明媚的青山绿水，谢灵运以稍带忧郁的笔调展示了自己内心的感慨："未若长疏散，万事恒抱朴。"意思是，与其去当那个不自由的官，还不如寄情于山水之中、放浪于形骸之外呢！

《 美的心声 》

谢灵运的《石壁精舍还湖中作》，是他辞去永嘉太守、返回家乡泛舟游湖时写的，正好与《过白岸亭》遥相呼应。

这首诗景色很美："昏旦变气候，山水含清晖。清晖能娱人，游子憺（dàn）忘归。出谷日尚早，入舟阳已微。林壑敛暝色，云霞收夕霏。芰（jì）荷迭映蔚，蒲稗（bài）相因依……"

全诗以细腻、精美的诗句给我们描绘了一幅笼罩在薄雾中的山水画，其意境美不胜收。谢灵运是在临近黄昏、山水饱含清晖之际上船出游的。在小船上，谢灵运看到了什么呢？

远处，林壑渐渐隐没在淡淡的暮色之中，晚霞逐渐消失在黄昏的苍穹之下。近处，湖面上菱芰荷叶重叠着倒映在水中，菖蒲稗草相依着在微风中摇动……好一幅幽静、淡雅的水墨丹青！

后人写游湖的诗相当多，写得如此意境优雅、情趣恬淡的却不多。宋朝大学士苏东坡曾写过赞美雨后西湖的名句："水光潋滟晴方好，山色空蒙雨亦奇。"仔细想来，不正是从谢灵运这首诗的意境中脱胎而来的吗？

比"大谢"对后世影响更大的南朝诗人，就是李白最推崇的"小谢"——谢玄晖。

"澄江如练"谢玄晖

谢朓（tiǎo）（464年—499年），南朝齐诗人，字玄晖，因为他曾经担任宣城太守，后人也称他为谢宣城。谢朓也是陈郡谢氏的后人，比谢灵运生活的年代要晚得多，人们称他为"小谢"。

谢朓才学出众，虽然在南齐朝中先后担任过中军记室、尚书吏部郎和宣城太守等官职，但他和谢灵运一样，基本上过着半官半隐的生活。

谢朓在诗中经常流露出既留恋山水又想出仕为官的矛盾心情，最终他也同谢灵运一样，在官场纷争中被杀身亡，死时年仅36岁。

与谢灵运多少带点朦胧色彩的诗作相比，谢朓的山水诗用辞更加精准，意境也更加优雅。李白对谢朓的评价非常高，曾有诗："解道澄江净如练，令人长忆谢玄晖。"

《"澄江静如练"》

李白是谢朓的铁杆"粉丝"。他在《金陵城西楼月下吟》这首诗中曾留下著名的诗句："解道澄江净如练，令人长忆谢玄晖。"因为这首诗，金陵城中的这座楼也成了著名的谢朓楼。

"解道澄江净如练，令人长忆谢玄晖"是对谢朓《晚登三山还望京邑》中有关长江景色生动描述的称颂。

这首诗是495年谢朓远离京师出任宣城太守时所作，是他山水诗的代表作。全诗如下：

> 灞（bà）涘（sì）望长安，河阳视京县。白日丽飞甍（méng），参差皆可见。余霞散成绮，澄江静如练。喧鸟覆春洲，杂英满芳甸。去矣方滞淫，怀哉罢欢宴。佳期怅何许，泪下如流霰（xiàn）。有情知望乡，谁能鬒（zhēn）不变？

开头两句"灞涘望长安，河阳视京县"，前一句用的是建安七子之一王粲背井离乡、远适荆楚时"回首望长安"的凄惨意境，后一句写的是西晋名士潘岳出任河阳县令、离京远行时"引领望京邑"的惜别之情。这两句诗深深地道出了谢朓内心深处对离开京师、前往宣城任职并不十分向往，用典确切，意境深远。

接着，谢朓以秀美、绮丽的诗句描绘了自己登高回首、远眺京城时所看到的迷人景色："白

谢玄晖

日丽飞甍，参差皆可见。余霞散成绮，澄江静如练。"

诗的意境非常美，登高远眺：建康城内，阳光照耀着作势欲飞的宫脊檐角，层次清晰，历历在目；建康城外，金色的夕阳散布霞光万道如美丽的织锦，万里长江风平浪静宛如一匹不见尽头的白练。尤其"余霞散成绮，澄江静如练"，历来被认为是描绘万里长江景色的绝佳之句，也是唐代大诗人李白最为欣赏的名句。

接下来，"喧鸟覆春洲，杂英满芳甸"，谢朓以更加广阔的视野描绘了沿着浩瀚的长江望去所看到的美丽景色：喧闹的小鸟成群地飞来，覆盖着岸边的沙洲；各种繁茂的花草，开满了春天的原野。

谢朓在这首诗中先以"余霞"对"澄江"，以"散成绮"对"静如练"，对仗工整，意境绝美；然后又以"喧鸟"对"杂英"，以"覆春洲"对"满芳甸"，动静相映，声情并茂，令人拍案叫绝。

在谢朓的笔下，京城内外的景色完全变成了一幅秀丽的山水长卷。古人描写建康这座六朝古都风景之美的诗文相当多，可从没有人达到谢朓这首诗所表达的优美意境，难怪连"诗仙"李白都称赞不已。

《 清丽山水诗 》

谢朓的山水诗，所表达的意境都非常优美，因此，流传下来的也比较多。其中《游东田》写得尤具特色。全诗如下：

戚戚苦无悰（cóng），携手共行乐。寻云陟（zhì）累榭，随山望菌阁。远树暧阡阡，生烟纷漠漠。鱼戏新荷动，鸟散余花落。不对芳春酒，还望青山郭。

开头两句似乎平淡无奇，"戚戚苦无悰，携手共行乐"，因为心情不好，便和朋友一起携手出游。

接下来，对景色的描写让人感到无比畅快。"寻云陟累榭，随山望菌阁"，写出了诗人为观看空中变幻的云霞，登上一层高过一层的亭榭；伴随着山势的不断升高，回望低处如菌芝般的山中楼阁，实在是太惬意了。

中间两句是全诗的精华："远树暖阡阡，生烟纷漠漠。鱼戏新荷动，鸟散余花落。"谢朓巧妙地以"远树"对"生烟"，以"暖阡阡"对"纷漠漠"，对仗工整，意境深远。接下来，谢朓又以"鱼"对"鸟"，以"戏新荷"对"散余花"，用词新奇有趣。

在谢朓的笔下呈现出的是一幅极为美丽的山水画长卷：远处，苍翠的林木修竹弥漫在薄薄的雾色之中；近处，游鱼在池塘中追逐戏水，碰得水中的新荷不停地晃动；小鸟在树林中上下飞舞，撞得枝上的花瓣不断地散落。

在这首诗中，谢朓对林木修竹、游鱼飞鸟、新荷落英的细微观察和生动描绘，都是前所未有的。他仅以十个字就形象地描绘出了游鱼与新荷、飞鸟与落英之间动画般的美感，令人耳目一新。

《"时菊委严霜"》

在谢朓的诗作中，不仅有对江南秀丽山水的生动描绘，同样也有自己内心情感的抒发。

493年，谢朓因谗言被召回京师。在离开荆州返回京师的途中，谢朓写下了《暂使下都夜发新林至京邑赠西府同僚》这首诗。在诗中，谢朓一开头就使用了极为悲凉、凄美的文辞，表达了他内心的感触："大江流日夜，客心悲未央。……秋河曙耿耿，寒渚夜苍苍。"

谢朓此刻的悲伤之情，就如同浩浩荡荡向东流逝的江水一样没有尽头。天上，是明净的银河；地上，是苍茫的寒渚，给人以无限的悲凉、萧瑟之感。

当时，谢朓原本在随王府中任职，因遭诬陷被召回都城，他不知道等待自己的是怎样的命运。

以凄美的诗句描述了自然景物之后，笔锋一转，谢朓以忧郁的笔调表达了内心对前途深深的恐惧："风云有鸟路，江汉限无梁。常恐鹰隼击，时菊委严霜。"他本来就担心朝中"鹰隼"的攻击，现在他觉得自己就如同深秋时节的菊花那样，任由严霜摧残了。

这一次，谢朓侥幸渡过难关，然而他最终却没能摆脱被人陷害、惨遭杀戮的悲惨命运。499年，谢朓走完了生命的最后一程，永远地离开了他笔下美丽而悲凉的世界。

谢朓的诗收集在《谢宣城集》中，他虽然只活了36岁，却给我们留下了诸多清丽的诗句。